Inhalt

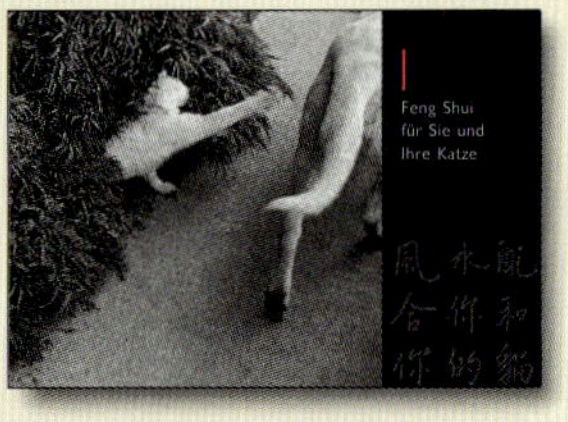

Titel der Originalausgabe: Feng Shui For You And Your Cat
Ins Deutsche übertragen von Hannelore und Katarina Ganslandt
Die Originalausgabe erschien 2000 bei THE IVY PRESS LIMITED,
The Old Candlemakers, West Street, Lewes; East Sussex; England BN7 2NZ
Art Director: Peter Bridgewater
Designer: Glyn Bridgewater
Fotografie: Guy Ryecart
Illustrationen: Lorraine Harrison, Catherine McIntyre, Andrew Kulman, Sarah Young

Umschlaggestaltung: Hauptmann und Kampa Werbeagentur, CH-Zug
Herstellung: Karlheinz Rau, München
Fotosatz: SatzTeam Berger, Ellenberg
Druck und Bindung: Sun Fung Company Ltd.

Printed in China
ISBN 3-453-17688-X

Einführung

Kaum zu glauben – aber während Sie den Eindruck haben, Ihre Katze habe sich an ihrem Lieblingsplatz zusammengerollt, um seelenruhig ein Schläfchen zu halten, leistet sie Schwerstarbeit für Ihr Wohlergehen! Bestimmt sorgen Sie gut für Ihre Katze: Sie füttern sie, achten darauf, dass sie es warm hat und dass sie gesund bleibt. Und vermutlich erwarten Sie dafür – abgesehen von einem zufriedenen Schnurren – keine große Gegenleistung. Dabei ist Ihre Katze ein kleiner Energielieferant und kann Ihnen nicht nur helfen, Ihr eigenes Wohlbefinden zu steigern, sondern sogar Ihren Wohlstand zu mehren.

In unserer immer hektischeren Zeit besinnen sich viele Menschen wieder auf traditionelle Weisheiten, um Wege zu finden, ihr Leben mit mehr Gelassenheit und Zufriedenheit zu füllen. Feng Shui, was wörtlich

RECHTS: Auch wenn Ihre Katze entspannt daliegt, überwacht sie ihre Umgebung und ist so das perfekte Beispiel für das Prinzip von Yin und Yang – das harmonische Zusammenspiel gegensätzlicher Energien.

LINKS: Schon die bloße Anwesenheit Ihrer Katze sorgt für »good vibrations« in Form von Sheng Chi.

übersetzt »Wind und Wasser« bedeutet, erfreut sich daher wachsender Beliebtheit.

Es gibt eine ganze Anzahl von Feng-Shui-Schulen – wobei die Formen- und die Kompassschule, auf die wir uns in diesem Buch beziehen, die verbreitetsten sind. Ihre Grundprinzipien sind leicht nachvollziehbar.

Grundsätzlich geht es bei Feng Shui darum, mit Hilfe einiger einfacher Regeln Energieströme, die zu träge (Si Chi) oder zu rasch (Sha Chi) fließen, auszuschalten oder zu mildern – da beide den Hausbewohnern gleichermaßen schaden – und zugleich gesunde Energie (Sheng Chi) zu befreien und dafür zu sorgen, dass sie ungehindert strömen und ihre wohltuende Wirkung im gesamten Wohnbereich entfalten kann.

IHRE KATZE, DIE FENG-SHUI-EXPERTIN

Als Katzenliebhaber wissen Sie natürlich genau, welch positive Ausstrahlung von Ihrem Haustier ausgeht. Und es handelt sich wirklich bei der Wärme und Zärtlichkeit, die Sie durchflutet, wenn Sie behaglich mit Ihrer zusammengerollten Katze auf dem Schoß im Sessel sitzen, um eine ganz reale Energieform. Schon die Anwesenheit einer Katze im Haus kommt Ihnen auf eine Weise zugute, wie Sie es sich vielleicht nie hätten träumen lassen.

Neben der Wärme, mit der Ihre Katze die ganze Wohnung erfüllt, kann sie Ihnen auf ganz unterschiedliche Arten behilflich sein, wohltuende Feng-Shui-Praktiken anzuwenden. Ihre Katze kann Ihnen die Stellen im Haus zeigen, an denen Sie sich nicht allzu lange aufhalten sollten, sei es sitzend, arbeitend oder zum Schlafen – Orte, an denen sich ungesunde Energie ansammelt, die sich als schädlich erweisen kann, falls Sie sich ihr über längere Zeit hinweg aussetzen. Ihre Katze kann Ihnen also helfen, diese negativen Erscheinungen zu neutralisieren.

UNTEN: Sollte sich Ihre Katze ihr Lieblingsplätzchen an einer ungewöhnlichen Stelle im Haus suchen, hat sie vielleicht einen Ort mit zu trägem Chi oder Belastungen durch Erdstrahlen entdeckt.

DIE ZUSAMMENARBEIT MIT IHRER KATZE

Es ist übrigens keineswegs so, dass Sie Ihre Katze ausnützen. Indem Sie einfühlsamer auf ihre Bedürfnisse eingehen, können Sie die Lebensqualität der Katze verbessern. Und je mehr Sie über die Wirkung von Feng Shui erfahren, desto besser können Sie die Katze davor bewahren, sich bei der Umwandlung von negativen Energien zu verausgaben oder sich mit positiver Energie zu überlasten. Sobald Sie das richtige Gleichgewicht geschaffen haben, werden Sie sich beide in Ihrer Umgebung wohler und entspannter fühlen und das Leben in vollen Zügen genießen können.

Aber glauben Sie nicht, dass Feng Shui nur auf das Innere Ihres Hauses angewandt werden kann. Die alten Chinesen waren große Meister im

Anlegen von Gärten, die nicht nur schön anzusehen, sondern auch zweckmäßig waren, und so kann ein gut durchdachter Garten den positiven Veränderungen, die Sie im Haus vorgenommen haben, zusätzliche Schubkraft verleihen. Darüber hinaus bietet er Ihnen und Ihrer Katze einen Ort der Ruhe, an dem Sie beide sich erholen und neue Kräfte schöpfen können. Mit einer Katze im Haus sparen Sie es sich, einen Feng-Shui-Experten kommen zu lassen: Ihre Katze ist nämlich eine geborene Feng-Shui-Praktikerin, deren Fähigkeiten Sie zu Ihrem Vorteil nutzen können.

OBEN: Feng Shui hat seine Wurzeln in den Landschaften des alten China und entstand ursprünglich aus dem Bestreben heraus, das Wirken elementarer Energien zu verstehen, um sich die positiven Kräfte zu Nutze zu machen und die negativen zu neutralisieren.

Fen
für
und

Katzen – von jeher rätselhaft

Seitdem die aus der Wüste Ägyptens stammenden Katzen mit den Menschen zusammenleben, werden ihnen geheimnisvolle Kräfte zugeschrieben. Beobachten Sie doch nur, wie Ihre Katze mit elegant an den Körper geschmiegtem Schwanz auf dem Fenstersims thront, wie sie steifbeinig in die Küche stolziert und lautstark ihr Futter reklamiert oder wie sie wütend faucht, sobald sie sich bedroht fühlt. Betrachtet man sie, kann man sich gut vorstellen, dass die alten Ägypter diese rätselhaften Geschöpfe als Gottheiten verehrten – oder dass die Menschen im Mittelalter glaubten, sie stünden mit den Hexen im Bunde.

UNTEN: Katzen haben einen angeborenen Hang zum Luxus und gelten deshalb in vielen Kulturen als besonders vornehme Tiere.

GESCHÄTZTE HELFER

Es lag nicht nur am Äußeren der Katzen, dass sie bei den alten Ägyptern auf eine Stufe mit den Göttern gestellt wurden. Domestizierte Katzen hatten zum Beispiel die Aufgabe, Nagetiere zu fangen, die von den kostbaren Kornvorräten fraßen. Für die am Rande des Existenzminimums lebenden Menschen konnte die Tüchtigkeit einer Katze als Mäusefängerin über Leben oder Tod entscheiden.

Die Katzen im alten Ägypten mussten sich ihren Lebensunterhalt hart erarbeiten – abgesehen davon, dass sie die Vorratskammern schützten, haben sie Giftschlangen getötet und wurden zur Entenjagd eingesetzt. Im Gegenzug wurden sie so verehrt, dass der Diebstahl oder das Töten einer Katze mit dem Tod bestraft wurde.

LINKS: Unsere heutige Katze hat nichts von der geheimnisvollen Ausstrahlung verloren, die schon die Ägypter faszinierte. Man kann sich gut vorstellen, dass die rätselhaften Geschöpfe tatsächlich Zugang zu den Geheimnissen des Universums haben.

RECHTS: Eine ägyptische Katzenmumie aus der Zeit um 1000-332 v. Chr. Unter den Pharaonen des Neuen Reichs (1525-1070 v. Chr.) erlangte die Katze religiöse Bedeutung und wurde in Gestalt der Göttin Bastet verehrt, in deren Tempel in Bubastis.

EXOTISCHE JÄGER

Frühe Belege für die Existenz von Katzen wurden auch in China gefunden. Neben der Bewachung der Nahrungsvorräte oblag den Katzen dort auch der Schutz der für den Seidenhandel so kostbaren Raupen.

Es mag uns heute eigenartig vorkommen, aber die Chinesen machten ihre Katzen nicht zu Haustieren, sondern gingen mit ihnen wie mit landwirtschaftlichen Nutztieren um. Sie wurden an der Leine gehalten – und sogar gemästet und geschlachtet!

Die Katzen von einst scheinen nicht viel gemein zu haben mit unserer heutigen Hauskatze. Sie ist aber der direkte Abkömmling dieser chinesischen und ägyptischen Jäger. Im Zweifel wären viele von den Hauskatzen heute in der Lage, auf sich selbst gestellt zu überleben.

Die Katze im alten China

Der Katze wurden in Ägypten und im alten China übernatürliche Kräfte zugeschrieben. Während die Vierbeiner bei den Ägyptern mit den positiven Aspekten des Lebens wie der Sonne oder der Fruchtbarkeit in Verbindung gebracht wurden, ging der Aberglaube, der sich in China um sie rankte, eher in die dunkle, okkulte Richtung.

RECHTS: Nach alter chinesischer Überlieferung können Katzen mit einer bestimmten Färbung oder Fellzeichnung Geld und Wohlstand magnetisch anziehen.

GUTE KATZE, BÖSE KATZE?

Einigen Katzen wurde eine Sonderstellung eingeräumt: In Nordchina zum Beispiel wurde Li-Shou, der Schutzgott der Ernte, in Gestalt einer Katze verehrt. Und »Schmetterlingskatzen«, mit geflecktem statt gestreiftem Fell, galten ebenso als Glücksbringer wie Katzen mit goldrotem Fell, von denen es hieß, sie zögen Reichtum an.

Allgemein aber brachten die Chinesen die Katze eher mit dem Dunklen, dem Okkulten in Verbindung. So wurde sie vom legendären Gelben Kaiser nicht in die Liste der zwölf Tiere aufgenommen, die den chinesischen Tierkreis bilden. (Eine Legende besagt, dass die Katze deshalb Ratten jagt und tötet. Sie rächt sich dafür, dass eine Ratte ihr den Platz unter den Tierkreiszeichen abgeluchst und eingenommen hat).

ABERGLAUBE UND TALISMANE

Der Katze wurde nachgesagt, sie habe, wie ihre großen Vettern Tiger und Löwe, die Fähigkeit böse Geister zu vertreiben. Wer schon einmal ein chinesisches Neujahrsfest erlebt hat, wird die Löwentänze kennen, durch die das Glück eingeladen und böse Mächte und Geister in die Flucht gejagt werden sollen. Man war von der Ausstrahlung der Katze so überzeugt, dass es für ebenso wirkungsvoll gehalten wurde, das Bild einer Katze aufzustellen, wie sich ein lebendiges Tier zu halten.

Heutzutage schenken wir solchen Schauergeschichten zwar nicht mehr Glauben als der mittelalterlichen Vorstellung, dass Hexen sich während ihrer Rituale in Katzen verwandeln können, aber immer mehr Menschen sind heute überzeugt, dass Katzen – und andere Tiere – sich mehr mit den natürlichen Energien und Spannungen im Einklang befinden als die meisten von uns. Diejenigen, die Feng Shui praktizieren, spüren das besonders deutlich. Selbst wenn es aussieht, als würde Ihre Katze in einem verborgenen Winkel oder in einem Bücherregal dösen, kann es sein, dass sie gerade ihre besonderen Kräfte einsetzt, um sie Ihrem Heim und damit Ihnen selbst zugute kommen zu lassen.

OBEN: **Die zwei Katzen scheinen zu dösen – doch sie sind gerade dabei, der negativen Energie der »Giftpfeile« entgegenzuwirken, die von den horizontalen Linien der Holztreppe ausgehen.**

Was ist Feng Shui?

Die beiden Wörter »Feng Shui« bedeuten »Wind und Wasser« und das Ziel von Feng Shui ist es, in größerer Harmonie mit der Umwelt, also mit den Kräften und Elementen der Erde, zu leben. Ein harmonisches Umfeld wirkt sich wiederum positiv auf Ihr Leben aus.

Feng Shui entwickelte sich aus dem Taoismus und der ihm zu Grunde liegenden Vorstellung vom Gleichgewicht der Kräfte. Feng-Shui-Anhänger glauben, dass man Ordnung und Harmonie in seinen Alltag bringen kann, indem man um sich herum einen gleichmäßigen Energiefluss herstellt. Wie Sie noch lesen werden, reagieren Katzen besonders sensibel auf diese Energien und können sie sogar positiv beeinflussen.

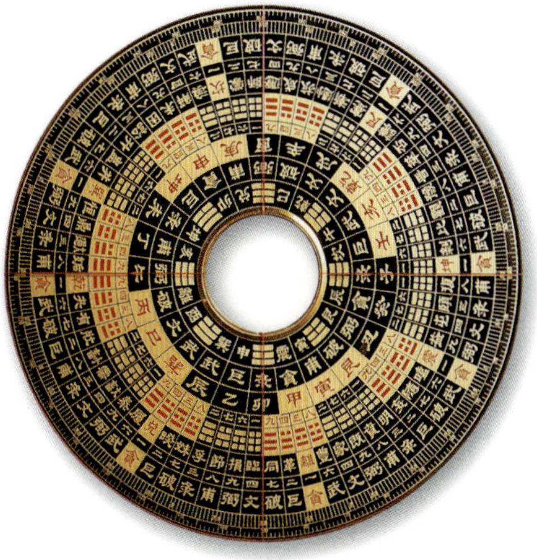

OBEN: Luo-Pan-Bagua-Kompass. Ein besonders kunstvolles Exemplar, das nur von Experten benutzt wird.

DIE ANFÄNGE

Die Ursprünge von Feng Shui reichen über 4000 Jahre zurück, in die Zeit, in der Chinas legendärer erster Kaiser Huang Ti die Grundlagen zu dem Orakelbuch I Ging oder Buch der Wandlungen entwickelt haben soll. Zunächst war das Wissen um die Lehre und ihre Anwendung allein der chinesischen Oberschicht vorbehalten, doch im Laufe der Jahrhunderte entwickelte und verbreitete sich die Lehre immer weiter. Und in neuerer Zeit wird Feng Shui immer beliebter, obwohl es unter Mao (1949–1976) verboten war.

MODERNES FENG SHUI

Unser Leben hat sich immer mehr von der Natur entfernt und ist dabei komplexer geworden, trotzdem erweist sich Feng Shui heute als ebenso praktikabel wie in früheren Zeiten. In Hongkong oder Singapur kommt es kaum jemand in den Sinn, ein neues Heim zu beziehen oder ein Bürogebäude zu errichten, ohne sich zuvor von einem Feng-Shui-Experten über günstige Standorte und verborgene Gefahren informieren zu lassen.

Ob Feng Shui wirklich funktioniert? Das muss jeder für sich selbst entscheiden. Zumindest beruhen viele Feng-Shui-Ratschläge, wie der, das Haus ordentlich und frei von unnötigem Ballast zu halten, auf gesundem Menschenverstand.

Wer sich von der Wirksamkeit von Feng Shui überzeugen möchte, sollte einen Raum besuchen, bevor und nachdem er von einem Feng-Shui-Praktizierenden umgestaltet wurde. Es ist deutlich spürbar, dass sich die Atmosphäre geändert hat. Mit Feng-Shui-Rezepten zu experimentieren ist völlig ungefährlich – probieren Sie es doch einfach aus!

LINKS: Erfolgreiches Feng Shui zielt auf Ruhe, Harmonie und die Befreiung von unnötigem Ballast.

RECHTS: Hongkong, eine der reichsten Städte der Welt, wurde nach Feng-Shui-Gesichtspunkten gebaut.

Yin, Yang – die Bedeutung von Ausgeglichenheit

Um die Grundprinzipien von Feng Shui zu verstehen, muss man sich zunächst mit dem taoistischen Prinzip von Yin und Yang vertraut machen. Dabei handelt es sich um die beiden Pole, aus denen sich alles in der Natur zusammensetzt. Gemeinsam bilden sie das Tao, das mit »Weg« übersetzt wird. Extrem vereinfacht kann man Tao als die Kraft beschreiben, die das Universum lenkt, und damit auch unser eigenes Leben.

OBEN: Yin-Yang – Erde und Himmel, männlich und weiblich, Tag und Nacht, Wasser und Wind, Katze und Hund.

RECHTS: Katzen ist der Sinn fürs Gleichgewicht angeboren. Ganz entspannt sitzen sie selbst auf dem schmalsten Pfosten.

HIMMEL UND ERDE

Grundsätzlich kann man sagen, dass Yin alles Irdische umfasst und Yang das Ätherische. Alle Dinge lassen sich in die eine oder andere Kategorie einordnen. Für uns westlich Geprägte ist es wichtig zu begreifen, dass Yang nicht besser ist als Yin oder umgekehrt. Beide existieren neben- und miteinander. Sehen Sie sich das uralte Yin-Yang-Symbol an: Jede der Hälften birgt einen Kreis in der Farbe seines Gegenstücks in sich, sodass also in jedem Pol ein Element des Gegenpols enthalten ist. Wesentlich ist, dass beide zusammen eine perfekte harmonische und ausgeglichene Einheit bilden.

Wenn wir für uns günstigste Lebensbedingungen schaffen wollen, müssen wir danach trachten, eben diese Harmonie und Ausgeglichenheit zu finden.

UNTEN: Das Yin-Yang-Symbol verkörpert die harmonische Einheit der Energien. Das dunklere Yin und das hellere Yang halten einander umfangen, wobei jedes ein Samenkorn des anderen in sich birgt.

HÄUSLICHE HARMONIE

Aber nicht nur in der Außenwelt müssen sich Yin und Yang im Gleichgewicht befinden, sondern auch an dem Ort, an dem wir wohnen. Wenn Sie ständig auf dem Sprung sind und von einem aufreibenden Termin zum nächsten hetzen – ein klassischer Yang-Zustand –, kann es sein, dass Sie sich zu Hause mit mehr Yin-Energie umgeben müssen, um eine entspannte, erholsamere Atmosphäre zu schaffen. Nehmen Sie sich täglich Zeit für ein paar ruhige Minuten, in denen Sie sich mit Ihrer Katze auf dem Schoß in einen Sessel setzen. Schieben Sie, während Sie ihr übers Fell streicheln und ihrem beruhigenden Schnurren lauschen, Ihre Vorhaben und Sorgen für einen Moment beiseite. Leiden Sie unter Lustlosigkeit und Antriebsschwäche, dann kann es gut sein, dass Sie um sich herum mehr Yang-Energie benötigen, um wieder in Schwung zu kommen. Stehen Sie vom Sofa auf und setzen Sie sich auf den Boden, um ein wenig mit Ihrer Katze zu spielen. Katzen spielen für ihr Leben gern, Sie beide haben Ihren Spaß daran und füllen den Raum mit belebender Yang-Energie. Jeder Mensch ist anders und hat eigene Bedürfnisse und Vorstellungen darüber, wie sein Leben aussehen sollte. Deshalb ist es unerlässlich, dass Sie zu einem Gleichgewicht finden, das Sie glücklich macht. Und bei dieser wichtigen Suche nach Ihrer ganz persönlichen Harmonie kann Ihre Katze Ihnen helfen.

Die fünf Elemente

Yin und Yang lassen sich in die so genannten fünf Elemente unterteilen. Das sind die Grundelemente, aus denen das Universum besteht, nämlich Holz, Feuer, Erde, Metall und Wasser. Diese fünf Elemente sind in allen Dingen enthalten, einschließlich uns selbst – und natürlich unseren Katzen! In China spielen sie auch in der Astrologie bei der Erstellung des persönlichen Horoskops eine Rolle. Ihre Eigenschaften sind nicht starr festgelegt – in jedem Menschen oder Ding sind sie in unterschiedlicher Gewichtung angelegt, wobei jeweils eines der Elemente dominiert.

UNTEN: Die fünf Elemente Holz, Feuer, Erde, Metall und Wasser sollen zusammenwirken und ein ausgewogenes Ganzes schaffen.

DIE MERKMALE DER ELEMENTE

Die unterschiedlichen Eigenschaften der Elemente werden Ihnen helfen, die Wirkungsweise von Feng Shui zu verstehen.

FEUER Feuer wird durch die Farbe Rot symbolisiert. Es ist ein sehr starkes Element, mit dem Gefühle wie Erregung und Freude assoziiert werden. Allerdings ist im Umgang damit Vorsicht geboten, da es sehr leicht außer Kontrolle geraten und dann zerstörerisch wirken kann. Feuermenschen brauchen ständige Abwechslung und ertragen keine Langeweile.

METALL Metall wird durch die Farben Silber, Gold und Weiß dargestellt. Da Münzen aus Metall sind, symbolisiert dieses Element Wohlstand. Messer und Schwerter bestehen ebenfalls aus Metall, insofern kann es ein sehr aggressives Element sein. Metallmenschen schätzen Ordnung und Sauberkeit.

WASSER Wasser wird den beiden Farben Schwarz und Blau zugeordnet. Es symbolisiert, wie das Metall, Wohlstand, steht häufig aber auch für Erneuerung. Es gilt als sehr mächtiges Element, denn ein steter Tropfen höhlt selbst den härtesten Stein. Wassermenschen sind empfindsam, intelligent und ausgezeichnete Vermittler.

HOLZ Holz ist das Symbol des Wachstums und wird durch die Farben Grün und Braun dargestellt. Es assoziiert Pflanzen, die Ecken die Härte nehmen, den Wohlstand fördern und für Langlebigkeit stehen. Holzmenschen sind gesellig, kreativ und optimistisch.

ERDE Erde wird durch die Farben Gelb und Braun dargestellt. Sie hat ihren Platz in der Mitte des Yin-Yang-Symbols, steht für das Zentrum des Hauses und besitzt eine stabilisierende Wirkung. Erde ist ein starkes und zuverlässiges Element, man sollte sie jedoch nicht im Übermaß einsetzen, sonst führt sie zu Phlegma und Trägheit. Erdmenschen sind diplomatisch, loyal und hilfsbereit.

Das Zusammenwirken dieser fünf Elemente kann auf zweierlei Arten erfolgen – in produktiven und destruktiven Kreisläufen. Sie werden später mehr darüber erfahren (S. 82/83), wenn wir uns damit beschäftigen, mit welchen Hilfsmitteln Sie Ihr Zuhause harmonischer gestalten können.

GANZ LINKS: Katzen sind fasziniert von Wasser. Wasser lässt Holz wachsen, das das Element ist, dem die Katze zugeordnet wird.

Der Fluss des Chi

Yin und Yang wurden durch Chi erzeugt – jene elektromagnetische Energie, die das gesamte Universum durchströmt. Sie zirkuliert um den Körper sämtlicher Lebewesen, vom kleinsten Insekt bis hin zum größten Säugetier. Bei Menschen durchfließt sie die sieben Chakren (oder Meridiane), die sich jeweils auf dem Scheitel, zwischen den Augen, an der Kehle, in der Brustmitte, dem Solarplexus, unterhalb des Nabels und am Steißbein befinden. Jedem Chakra werden bestimmte Bereiche unseres Körpers und unseres Lebens zugeordnet.

OBEN RECHTS: Eine künstlerische Darstellung des Chi einer Katze. Das Chi ist immer in Bewegung und zugleich die Ruhe selbst. Eine Eigenschaft, die auch Katzen besitzen.

GANZ RECHTS: Das Chi strömt durch die Haustür ein und aus. Ihre Katze setzt sich auf die Türschwelle, um den Energiefluss zu beobachten.

RECHTS: Man nimmt an, dass alle Lebewesen, einschließlich der Menschen und Katzen, im Körper Energiepunkte – so genannte Chakren – besitzen.

HINEIN, HINAUS UND RUNDHERUM

Das Chi zirkuliert nicht nur in uns – es fließt auch durch all das hindurch, was uns umgibt. Dabei wird es sowohl durch natürliche als auch durch künstlich geschaffene landschaftliche Gegebenheiten beeinflusst. Ähnlich wie ein Fluss, der auf seinem Weg zum Meer an Schnelligkeit gewinnt, wenn er über Felsen stürzt, träger fließt, sobald sein Bett sich verbreitert oder schmutzig wird, wenn chemische oder industrielle Abfälle eingeleitet werden, beeinträchtigen Leid und Schmerz eines Krankenhauses das hindurchfließende Chi. Durchströmt es eine sanfte grüne Hügellandschaft, wird es dagegen neu belebt. Trifft es auf ein großes, massives Hindernis, wie ein Hochhaus, verlangsamt es sich, und wenn es dem gewundenen Lauf eines Flusses oder einer Landstraße folgt, beruhigt sich sein Tempo. Rasch dahinfließende Wasserläufe oder eine dicht befahrene Autobahn lassen es sofort wieder schneller strömen.

KATZEN UND CHI

Natürlich umfließt das Chi auch unsere Häuser und wir lassen es herein, wenn wir Türen und Fenster öffnen. Im Haus trifft es auch Ihre Katze an, die das Chi in zweierlei Hinsicht positiv beeinflussen kann: Zum einen ist sie ein quicklebendiges und neugieriges Geschöpf, das ständig in Bewegung ist und beim Herumstreifen im Haus das Chi immer wieder aufwirbelt. Zum anderen ist da die zärtliche Liebe, die ihr von Ihnen und den übrigen Mitbewohnern entgegengebracht wird und die sie erwidert. Dadurch wird sie in Ihrem Heim zu einer Quelle guten Chis. Das Chi in unserem Haus wirkt sich auf unser Wohlergehen, unsere Gesundheit, unsere geistige und seelische Verfassung und auch auf unser Lebensglück aus. Erst wenn wir ein völlig ausgeglichenes Chi schaffen – das die Chinesen Sheng Chi oder den »kosmischen Atem des Drachen« nennen –, kann sich unser Leben optimal entwickeln.

Negatives Chi

Idealerweise sollte das Chi frei und ungehindert im Haus fließen können, vorzugsweise an geschwungenen Linien entlang und mit mäßiger Geschwindigkeit. Dann ist es gesundes Chi und wird den Bewohnern des Hauses Glück bringen. Wenn sich das Chi, das um ein Haus herum und in dessen Innerem fließt, nicht im Gleichgewicht befindet, kann es keine wohltuende Wirkung entfalten. Das führt möglicherweise zu Problemen.

OBEN: Zu viel Krimskrams kann den Fluss des Chi blockieren. Falls Ihre Katze ständig um einen voll gestopften Bereich Ihres Heims herumstreift, kann es an der Zeit sein, ordentlich auszumisten.

SI CHI

Stagnierendes Chi (Si Chi) ist schwach und schwerfällig, weil es durch zu viele Hindernisse aufgehalten und durch Schmutz und abgestandene Luft verunreinigt wurde. Chi kann auch dadurch träge werden, dass es sich in Ecken und toten Winkeln fängt und von dort keinen Ausweg mehr findet, oder durch vollgestellte Wohnräume in seinem Fluss behindert wird. Fließt das Chi im Haus nur sehr langsam fühlen sich seine Bewohner antriebslos und ständig müde.

SHA CHI

Gefährlicher jedoch ist das Sha Chi, »der Tod bringende Atem«. Hierbei handelt es sich um Chi, das sich entweder viel zu schnell fortbewegt, weil es gänzlich ungehindert an einer schnurgeraden Linie entlangfließt, oder sich an einem ganz bestimmten Punkt zusammenballt und zu einem gefährlichen Giftpfeil wird. Wenn Sha Chi in rasendem Tempo an einem Gebäude vorbeifließt, verursacht es Aggressionen und Streit unter den Bewohnern. Giftpfeile zerschneiden günstige Strömungen und können sie sogar gänzlich unwirksam machen.

Im Haus kann das schnell fließende Sha Chi durch lange, schnurgerade Korridore verursacht werden. Giftpfeile bilden sich dort, wo scharfe Kanten in den Raum hineinragen.

DAS CHI VERBESSERN

Ist Ihnen schon einmal aufgefallen, dass es Geschäfte gibt, die nie auf einen grünen Zweig kommen, obwohl ringsherum sämtliche Läden florieren? Oder dass ein bestimmtes Apartment, ein Haus in Ihrer Nähe immer schäbig aussieht, dass die Leute, die dort leben, ständig mit ihren Miet- oder Kreditzahlungen in Verzug kommen oder Probleme mit ihrer Gesundheit zu haben scheinen? Feng-Shui-Berater führen dies auf die verdichtete Ansammlung von Sha Chi zurück und ein Großteil ihrer Arbeit besteht darin, Quellen negativen Chis inner- und außerhalb von Gebäuden zu suchen und zu beseitigen. Sie hingegen haben das Glück, in Ihrer Katze eine Verbündete zu haben, mit deren Hilfe Sie Si Chi und Sha Chi bekämpfen und in positive Energie umwandeln können.

LINKS: Wendeltreppen gelten als ungünstig, weil sie das Chi unweigerlich in einen senkrecht durchs Haus verlaufenden Strudel ziehen.

GANZ LINKS: Eine Katze auf einem heißen Blechdach. Diese Katze tut sich selbst etwas Gutes (ein warmes Plätzchen für ein Schläfchen) und verhindert zugleich, dass sich die Energie in den gerade verlaufenden Rillen des Wellblechdaches zu sehr beschleunigt.

Negativem Chi entgegenwirken

Falls Sie in einer ruhigen Sackgasse wohnen, freuen Sie sich vielleicht darüber, in einer für Katzen so ungefährlichen Gegend zu leben. Eine so ruhige Straße kann allerdings – mag sie auch das Leben Ihrer Katze verlängern – die Entwicklung von Si Chi begünstigen. Vielleicht haben Sie aber auch genau das gegenteilige Problem und müssen, weil Sie an einer sehr stark befahrenen Straße wohnen, etwas gegen Sha Chi tun. Oder Sie haben festgestellt, dass Ihr Haus sich durch die Lage eines Nachbarhauses oder durch den Verlauf einer auf ihr Haus gerichteten Dachlinie im Zielpunkt eines »Giftpfeils« befindet, dem die Kraft genommen werden muss.

OBEN: Sitzt Ihre Katze häufig an einem bestimmten Fleck vor dem Haus, dann sollten Sie überprüfen, in welche Himmelsrichtung Ihre Tür weist und ob sie nicht versetzt werden kann.

UNGÜNSTIGE STANDORTE

Die T-Kreuzung bildet einen »Giftpfeil«, dessen Spitze auf die Haustüre weist und Sha Chi auf den Eingang prallen lässt.

Dieses Haus in einer Sackgasse kann unter dem stagnierenden Si Chi leiden. Die Energie »versackt« dort buchstäblich.

Der Verkehrsfluss einer belebten Straße kann ein Haus gefährlichen Sha-Chi-Strömen aussetzen.

OBEN: Der Standort Ihres Wohnhauses hat einen Einfluss auf das in Ihre Richtung strömende Chi.

RECHTS: Beobachten Sie Ihre Katze bei ihren Streifzügen durch die Wohnung! Sie können aus ihrem Verhalten Rückschlüsse auf Stellen erhalten, an denen sich negatives Chi sammelt.

BARRIEREN ERRICHTEN

Standortprobleme löst man am besten, indem man zwischen dem Haus und der Quelle des Sha Chi eine Barriere in Form einer Hecke oder eines Zauns errichtet. Diese Barriere muss nicht besonders hoch sein – es geht vorrangig um ihre symbolische Abwehrfunktion. Denken Sie auch immer daran, dass die Lage der Haustüre zur Umgebung entscheidend ist. Das Versetzen der Tür oder die Errichtung eines überdachten Vorbaus schaffen Abhilfe, wenn sich der Eingang dann an einer günstigeren Stelle befindet. Im Zweifelsfall ist es das Einfachste, einen anderen Eingang zu benutzen.

BAGUA-SPIEGEL

Als letzte Möglichkeit können Sie in Betracht ziehen, einen Bagua-Spiegel außen an der Haustür anzubringen. Das ist ein achteckiger Spiegel, der die Giftpfeile ablenken kann – aus diesem Grund sollte er auch ausschließlich außerhalb, niemals aber im Haus verwendet werden. Vergewissern Sie sich, dass sich keines der Nachbarhäuser darin spiegelt, sonst wird der Giftpfeil auf diese gelenkt. Befragen Sie dazu einen professionellen Feng-Shui-Berater. Der Spiegel ist ein sehr mächtiges Werkzeug und kann, wenn er laienhaft eingesetzt wird, mehr schaden als nützen.

Empfindsame Katzen

Wie jeder Katzenfreund weiß, können Katzen stundenlang ohne sich zu rühren auf der Fensterbank sitzen und seelenruhig den vorbeirauschenden Verkehr beobachten, fast so, als würden sie durch die Bewegung draußen in Trance versetzt. Wieso? Sobald Katzen zur Tür hinaus sind, interessieren sie sich nicht im geringsten für den Straßenverkehr. Kann es sein, dass sie, während sie den Verkehrsfluss beobachten, das durch die vorbeifahrenden Autos erzeugte Chi in sich aufnehmen?

EIN MUSTER AN HARMONIE UND GLEICHGEWICHT

Tatsache ist, dass Katzen sensibler auf Chi reagieren als Menschen. Sie brauchen nur Ihre Katze anzusehen, um zu erkennen, dass sie im Grunde die perfekte Verkörperung des harmonischen Gleichgewichts darstellt, das durch Feng Shui erreicht werden soll. Katzen sind ein Musterbeispiel ausgewogener Grazie – betrachten Sie nur die sanfte Kurve ihres gewölbten Rückens, oder ihren Schwanz, der sich fast zum Fragezeichen biegt, wenn sie neugierig ist. Den geschmeidigen Bogen, den ihr Körper beschreibt, wenn sie kraftvoll und anmutig zugleich von einem Beobachtungsposten zum nächsten springt. Lauschen Sie Ihrem zufriedenen Schnurren, beobachten Sie, mit welcher Hingabe sie sich putzt und wie sie sich zum Schlafen zu einer Kugel zusammenrollt – das Yin-Yang-Symbol könnte fast die abstrakte Darstellung zweier ineinander verschlungener Katzen sein!

WILD WIE EH UND JE

Während die Menschen sich im Laufe der Evolution durch technische Wunderwerke wie Auto, Telefon und Fernsehen immer weiter von der Natur entfernt haben, verfügt Ihre Katze nach wie vor über die Urinstinkte, ohne die ihre wilden Vorfahren nicht überlebt hätten. Während Sie nur das vage Gefühl haben, dass in Ihrer Wohnung »irgendetwas« nicht ganz stimmt, ist Ihre Katze in der Lage, die ungesunden Energien ganz exakt zu lokalisieren.

LINKS: Zwei aneinandergeschmiegte Katzen sind ein lebendiges Abbild von Ausgewogenheit und Harmonie.

OBEN: Die Bewegung des vorbeifließenden Verkehrs ist für Ihre Katze unendlich faszinierend.

GANZ OBEN: Dieses aus zwei Katzen gebildete Yin-Yang-Symbol steht für Harmonie und Ausgeglichenheit.

Ihre Katze als Feng-Shui-Berater

UNTEN: Eine schnurrende Katze auf dem Schoß tut sehr gut.

RECHTS: Zielsicher kriechen Katzen in die kleinsten Lücken und wirbeln dabei träges Chi auf.

Katzen können Ihnen auf vielerlei Arten helfen, gutes Feng Shui zu praktizieren. Haben Sie jemals beobachtet, wie es sich eine Katze schnurstracks in halb geöffneten, zerwühlten Kommodenschubladen oder Schränken gemütlich macht? Es ist das negative Chi, das sie magisch anzieht – sie kann dem Drang nicht widerstehen, sich hineinzulegen und es in positives Chi umzuwandeln.

UNTEN: Strom ist eine sehr starke Energieform, die im Übermaß zu einer Belastung durch Elektrosmog führen kann, die Ihrer Gesundheit abträglich ist. Umgekehrt kann er auf Ihre Katze anregend wirken, sodass sie sich vielleicht zum Schlafen Stellen aussucht, die besonders stark strahlen.

GUTE SCHWINGUNGEN

Katzen sind fantastische Yang-Erzeuger. Sehen Sie sich an, wie ein Kätzchen von einer Ecke des Hauses in die nächste flitzt. Die flinken Sprünge wirbeln das Chi dort, wo es träge fließt, wieder auf und lassen es erneut im Haus zirkulieren.

Dazu kommen die positiven Auswirkungen der zärtlichen Gefühle, die sich einstellen, sobald eine Katze im Haus ist. Wissenschaftliche Untersuchungen beweisen, dass das Zusammenleben von Haustieren und Menschen beiden gut tut. Wenn man sich entspannt hinsetzt und sich die Zeit nimmt, eine schnurrende Katze zu kraulen, verlangsamt sich der Puls, der Blutdruck sinkt und Stress wird abgebaut.

In vielen Altersheimen oder Einrichtungen für Behinderte oder psychisch Kranke hat man die wohltuende Wirkung von Katzen bereits erkannt. Eine schnurrende Katze streicheln zu können, lindert offenbar Depressionen und hilft, körperliche oder seelische Probleme leichter zu ertragen. Wenn so viele »gute Schwingungen« im Spiel sind, wundert es nicht, dass auch das Chi kräftig davon profitiert.

STRESS DURCH ERDSTRAHLEN

Ihre Katze fühlt sich von solchen Stellen in Ihrem Haus angezogen, die durch sehr viele Erdstrahlen belastet sind. In unserer modernen Zeit wird die natürliche Erdstrahlung häufig durch Hindernisse wie Telefonkabel, Rohrleitungen oder Fundamente großer Gebäude so verzerrt, dass sie uns schwächt. Ihrer Katze tut diese Strahlung jedoch richtig gut. Katzen besitzen die angeborene Fähigkeit, schädliche Energien zu neutralisieren, und suchen bevorzugt solche Stellen auf, an denen diese Strahlung im Haus auftritt. Häufig sind das dann ihre Lieblingsplätze. Sie selbst sollten sich jedoch davor hüten, Möbelstücke wie Betten oder Sofas an diese Stellen zu rücken, da es auf Ihre Gesundheit genau die gegenteilige Wirkung hat, wenn Sie sich allzu lange an Orten mit allzu starker Erdstrahlung aufhalten.

Zu Stellen mit negativem Chi fühlen sich Katzen ebenfalls hingezogen. Geraten Sie nun aber nicht in Panik, nur weil Ihr Liebling gern mitten auf Ihrem Bett schläft oder neben Ihnen auf dem Sofa kuschelt – das sind nicht notwendigerweise Bereiche mit negativem Chi. Manchmal will sich Ihre Katze, genau wie Sie, einfach an einem warmen und gemütlichen Ort ausruhen. Im Gegensatz zu Menschen haben Katzen keinerlei Hemmungen, das Leben in vollen Zügen zu genießen.

Problemquellen identifizieren

LINKS: Die Vorliebe Ihrer Katze für einen bestimmten Schlafplatz kann auf eine Ansammlung negativen Chis deuten.

Orte mit negativer Energie haben auf Ihre Katze eine magnetische Anziehungskraft. Das erklärt, warum sie das Katzenkörbchen verschmäht und sich stattdessen, sobald eine Schranktür offen steht, schnurstracks in ein unaufgeräumtes Fach legt oder es sich in dem düsteren und mit Gerümpel vollgestellten Winkel unter der Treppe bequem macht. Vielleicht dachten Sie, sie bestehe nur deshalb darauf, sich selbst ihren Platz zu suchen, weil sie von Natur aus dazu neigt, eigene Wege zu gehen? Die Wahrheit ist: Ihre Katze hat daran gearbeitet, negatives Chi in positives umzuwandeln und damit Ihr Wohnklima zu verbessern.

BEOBACHTEN SIE IHRE KATZE

Es ist ganz einfach, die mit negativem Chi belasteten Stellen herauszufinden. Beobachten Sie Ihre Katze eine Woche lang und merken Sie sich, an welchen Orten sie am längsten sitzt oder schläft. Es ist durchaus möglich, dass Ihnen, sobald Sie diese Plätze kennen, weitere Hinweise auf schädliches oder träges Chi auffallen. Vielleicht stellen Sie fest, dass der Lieblingsplatz Ihrer Katze eine bestimmte Ecke ist, in der sich eigenartigerweise mehr Staub zu sammeln scheint als anderswo im Raum oder dass Pflanzen dort nie gedeihen. Das alles sind Anzeichen dafür, dass sich an dieser Stelle ein Sammelpunkt für negative Energien befindet.

ÜBERPRÜFEN SIE IHRE VERMUTUNGEN

Nehmen wir mal an, Ihre Katze hält sich vorzugsweise an einem Platz auf, der warm, gemütlich und anheimelnd wirkt – sagen wir, mitten auf Ihrem Bett oder auf einem weichen Ohrensessel. Mit einem einfachen Test können Sie feststellen, ob sie sich durch negatives Chi dort hingezogen fühlt: Rücken Sie, falls möglich, das betreffende Möbelstück an eine andere Stelle des Zimmers und warten Sie ab, ob sie sich immer noch darauf niederlässt. Sollte sie das Möbel ignorieren und stattdessen an den Platz zurückkehren, wo es ursprünglich stand, können Sie mit ziemlicher Sicherheit davon ausgehen, dass es wirklich das negative Chi ist, das sie anzieht.

Es versteht sich von selbst, dass Sie sich an solchen Stellen nicht länger aufhalten sollten. Überlassen Sie diese Plätze Ihrer Katze! Sie können es aber auch mit einem der Vorschläge versuchen, die wir Ihnen auf den folgenden Seiten vorstellen werden.

OBEN: Unordnung kann negatives Chi erzeugen, zu dem Ihre Katze sich hingezogen fühlt.

UNTEN: Einige Veränderungen nach Feng-Shui-Regeln könnten das Klima in diesem vollgestopften Raum erheblich verbessern.

Übermäßige Raumdekoration kann träges Chi hervorrufen.

Vorhänge sollten immer aufgezogen werden, damit das Chi ungehindert durch die Fenster fließen kann.

Die vielen Pflanzen räumen dem Holz-Element große Dominanz ein.

Raum schaffen

Legen Sie dieses Buch einen Moment beiseite und sehen Sie sich im Zimmer um. Teilt sich Ihre Katze womöglich ganz zufrieden eine halb geöffnete Schublade mit einem Wust von Rechnungen und Briefen? Liegt sie zusammengerollt zwischen Haufen von Zeitschriften, die Sie seit langer Zeit aufbewahren, weil Sie sich dunkel an irgendein Rezept erinnern, das Sie ausschneiden wollten? Oder schlummert sie im obersten Fach des Kleiderschranks auf einem Pulli, den Sie vor drei Jahren gekauft und nie getragen haben? Falls dem so ist, ist es höchste Zeit, zur Tat zu schreiten, um den Energiefluss zu verbessern.

OBEN: Ihre Katze kann Sie lediglich auf Stellen hinweisen, die aufgeräumt werden sollten, wie dieser unordentliche Stapel von Dingen, die Sie längst entsorgen wollten. Aber die eigentliche Arbeit müssen Sie erledigen.

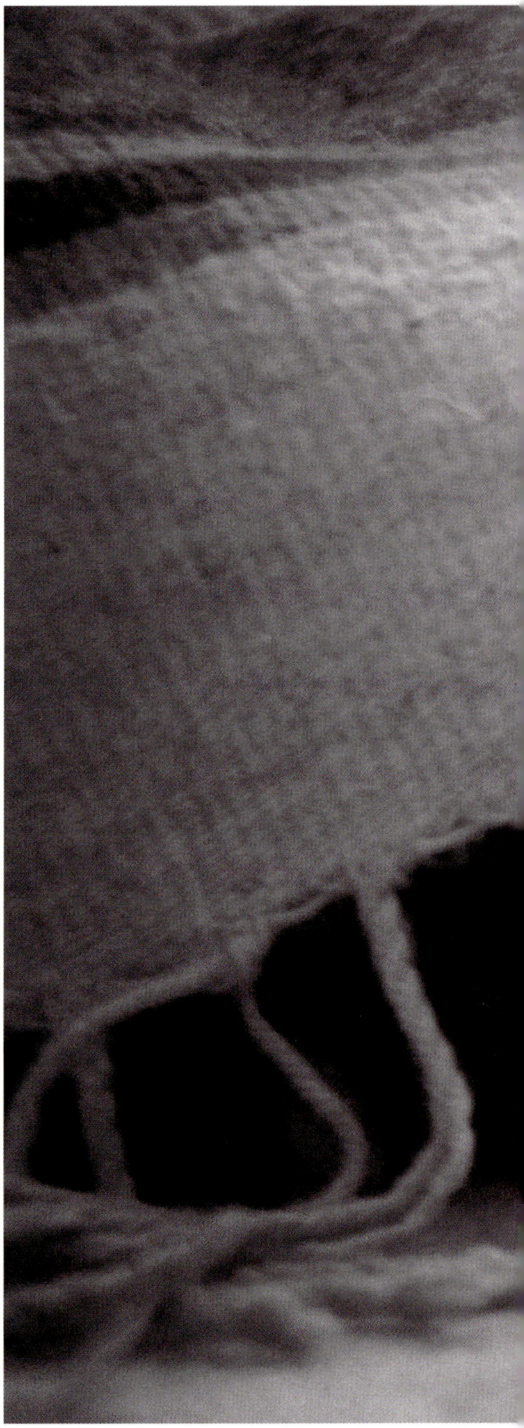

MISTEN SIE AUS

Ihre Katze kann bestimmte Stellen vom Einfluss des negativen Chi befreien, aber Sie kann sich nicht um Ihr gesamtes Heim kümmern. Sie selbst müssen auch etwas dazu beitragen. Eine der wichtigsten Grundregeln des Feng Shui lautet, dass der Wohnbereich ordentlich sein muss und von allem Überflüssigen befreit. Staub und Schmutz trüben das Chi, Unordnung verhindert seine freie Zirkulation und wirkt wie eine Falle.

GESUNDER MENSCHENVERSTAND

Wenn Sie sich die Regeln durch den Kopf gehen lassen, werden Sie feststellen, dass sie, wie so vieles an Feng Shui, absolut vernünftig sind. Wie viel Zeit und Energie verlieren Sie mit der Suche von Schlüsseln und Scheckbuch, wenn in Ihrer Wohnung ein einziger Wirrwar herrscht, oder mit dem Hervorkramen eines Lieblingspullis, wenn die Kommode mal wieder ausgemistet werden muss?

Es ist an der Zeit für einen gründlichen Frühjahrsputz. Ein Ratschlag vorneweg: Verbannen Sie Ihre Katze während der Aufräumarbeiten aus dem Zimmer. So laufen Sie nicht Gefahr, sich von ihrem erwachenden Spieltrieb ablenken zu lassen oder aber durch ihre Angewohnheit, Ihnen ständig zwischen die Beine zu geraten, so entnervt zu sein, dass Sie die Arbeit auf halbem Wege liegen lassen. Abgesehen davon ist die Katze vielleicht ganz froh, aus dem Weg zu sein, wenn Sie sich ernsthaft ans Ausmisten machen.

OBEN: **Die Menge an negativer Energie, die Ihre Katze in sich aufnimmt, verwandelt sie gelegentlich in einen Wildfang.**

An die Arbeit!

Der Gedanke daran, Ihren gesamten Wohnbereich von oben bis unten auszumisten, erscheint im ersten Augenblick vielleicht so überwältigend, dass Sie gar nicht wissen, wo Sie anfangen sollen – und deshalb gleich aufgeben. In diesem Fall empfiehlt es sich abschnittsweise vorzugehen. Nehmen Sie sich fürs Erste nur eine bestimme Ecke oder eine einzige Schublade vor. Oder sagen Sie sich, dass Sie einen Monat lang Tag für Tag eine halbe Stunde aufräumen wollen, bis die ganze Wohnung geschafft ist. Wenn Sie so herangehen und erst einmal in Fahrt gekommen sind, werden Sie womöglich überrascht feststellen, dass Sie gar nicht mehr aufhören wollen. Das Ausmisten wird Sie mit neuer Energie erfüllen und Ihren Arbeitseifer steigern.

LERNEN SIE LOSZULASSEN

Machen Sie kurzen Prozess mit unnötigem Ballast. Arbeiten Sie sich durch die Stapel von Zeitschriften, die sich seit Monaten angesammelt haben, schneiden Sie das Rezept aus, das Sie behalten wollten, und geben Sie den Rest zum Altpapier. Alle Bücher, die Sie nie mehr lesen, oder Platten, die Sie nie wieder hören werden, sollten Sie in Kisten packen und einer Wohlfahrtsorganisation spenden. Falls der Erlös dem Tierschutz zugute kommt, wunderbar! Gegenstände, die Ihnen optisch nicht gefallen oder mit denen Sie ungute Erinnerungen verbinden, sollten nicht in Ihrer Wohnung herumstehen. Falls Sie eine hässliche Vase oder ein anderes Stück bisher nur deshalb nicht weggeworfen haben, weil es sich um das Geschenk eines Freundes oder Verwandten handelt, sollten Sie es ebenfalls für gute Zwecke spenden. Der Anblick raubt Ihnen nur Energie, weil Sie sich immer ärgern, dass es Platz wegnimmt. Auf einem Basar findet sich sicherlich ein Käufer, der mehr damit anzufangen weiß.

KLEIDUNG UND NIPPES

Sie müssen sich nicht von allen Dingen trennen, die zwar keinen wirklichen Nutzen haben, für Sie aber von sentimentalem Wert sind. Im Gegenteil, stellen Sie sie bewusst an einen Platz, wo Sie sie sehen und sich daran freuen können. Im Zweifel können Sie die Sachen in einem Schrank verwahren.

Versuchen Sie auch in Ihrem Kleiderschrank einen gründlichen Frühjahrsputz zu veranstalten. Werfen Sie auf jedes Stück einen kritischen Blick und fragen Sie sich, ob es wirklich Sinn hat, ein Teil aufzuheben, das Sie seit zwölf Monaten nicht getragen haben, nur weil Sie hoffen, dass es eines Tages noch mal in Mode kommt. Und was ist mit den Fehlkäufen, die im Geschäft noch toll aussahen und sich zu Hause als Katastrophe erwiesen? Weg damit!

LINKS: Gehen Sie ebenso konzentriert und methodisch beim Putzen vor wie Ihre Katze.

OBEN: Typisch – wer schläft schon wieder friedlich inmitten der Unordnung? Ihre Katze!

Fallstricke vermeiden

Tappen Sie nicht in die »Man-weiß-ja-nie«-Falle. Wenn Sie nur deshalb an Dingen festhalten, weil diese sich eines Tages als nützlich erweisen könnten, kann das leicht dazu führen, dass Sie nichts mehr wegwerfen. Von Gegenständen, die Sie seit über einem Jahr nicht mehr benutzt haben, sollten Sie sich trennen. Sie denken, dass Sie sie noch einmal gebrauchen können – in Wirklichkeit nehmen sie nur wertvollen Platz weg und sind unnötiger Ballast.

RECHTS: Bei der »Katzenwäsche« wird kein einziger Körperteil ausgelassen. Folgen Sie dem Beispiel der Katze und putzen Sie gewissenhaft auch den hintersten Winkel im Haus, damit sich kein negatives Chi ansammeln kann.

UNTEN: In einem überlegt eingerichteten Raum kann das Chi zirkulieren und wird nicht blockiert.

ERNEUERN ODER WEGWERFEN

Falls Sie im Laufe Ihrer Aufräumarbeiten auf eine Lampe oder eine Uhr stoßen, die schon lange nicht mehr funktioniert und die Sie längst zur Reparatur bringen wollten, lassen Sie sie entweder richten oder werfen Sie sie weg. Sonst sind sie nichts als Gerümpel, das negatives Chi erzeugt. Die kaputte Lampe verkörpert ein verloschenes Licht in Ihrem Leben, die Uhr ist ein Symbol für still stehende Zeit …

Unterziehen Sie Ihr Heim einem gründlichen Frühjahrsputz – achten Sie darauf, die versteckten Ecken und Winkel mit einzubeziehen, und putzen Sie auch unter der Couch oder dem Bett, also an Stellen, von denen Sie hoffen, dass kein Besucher je einen Blick dorthin wirft. Denn dies sind genau die Orte, an denen sich träges Chi verfängt. Und vergessen Sie Ihre Katze nicht. Reinigen Sie ihr Körbchen, waschen Sie ihr Kissen und schrubben Sie Futter- und Wassernapf sowie ihr Katzenklo. Auch dort kann sich negatives Chi ansammeln.

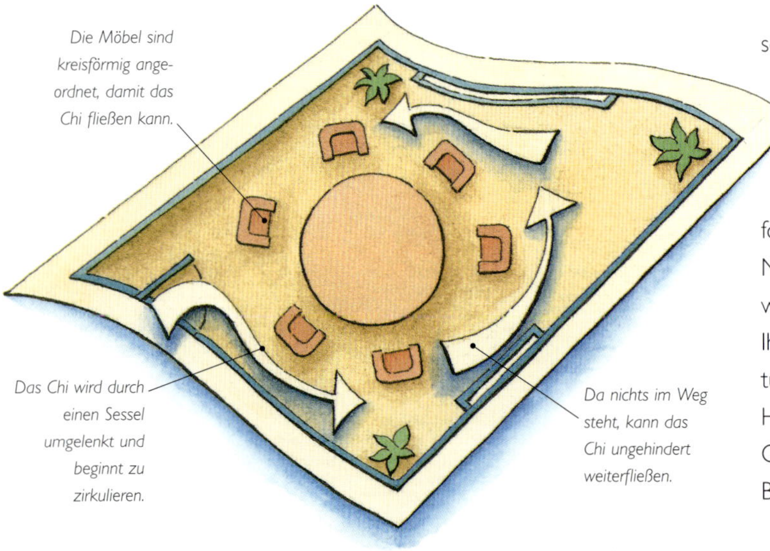

INNEN UND AUSSEN

Bei Ihrem Großputz sollten Sie auch die an das Haus angrenzenden Bereiche wie Garage oder Gartenschuppen nicht vergessen. Selbst wenn Sie dort nicht so viel Zeit wie im Haus zubringen, kann sich Unordnung ausbreiten und Sie bekommen schlechte Laune, wann immer Sie einen Blick darauf werfen. So büßen Sie jedes Mal etwas von Ihrer Energie ein.

Wenn Sie gerade dabei sind, dann können Sie auch all den Ballast loswerden, der Ihnen schon lange auf der Seele liegt. Warum schreiben Sie nicht endlich den Brief, führen das Telefonat oder füllen das Formular aus – erledigen all das, was Sie schon seit langem vor sich herschieben. Sie werden feststellen, dass Ihnen augenblicklich ein Stein vom Herzen fällt und die ständigen nagenden Gewissensbisse durch positive Gedanken ersetzt werden.

BLEIBEN SIE DRAN

Sobald alles aufgeräumt ist, können Sie Ihre Katze ins Zimmer lassen und es sich mit ihr auf der Couch gemütlich machen. Der Frühjahrsputz hat das in Ihrem Haus zirkulierende Chi befreit und erfrischt, was Ihnen wiederum neue Energie verleiht.

Aber auch nach Beendigung der Putzaktion sollten Sie das Chi in Fluss halten. Die Autorin Karen Kingston leitet Seminare, in denen sie Feng Shui und Wege zur energetischen Reinigung von Räumen miteinander verbindet. »Sammelsüchtigen« gibt sie folgenden Tipp: Jedesmal, wenn Sie sich etwas Neues kaufen, sollten Sie dafür etwas Altes wegwerfen, um Raum zu schaffen. Bringen Sie Ihren Müll regelmäßig weg und geben Sie Zeitungen und Zeitschriften täglich zum Altpapier. Halten Sie Ihr Haus oder Ihre Wohnung stets in Ordnung – so verhindern Sie, dass sich neuer Ballast anhäuft.

Reinigungsrituale

Sind Sie vielleicht gerade erst umgezogen und stellen fest, dass Ihre Katze schreckhafter ist als sonst? Oder dass sie plötzlich ins Leere starrt und offenbar etwas beobachtet, das Sie nicht sehen können? Womöglich fängt sie sogar an zu buckeln und zu fauchen? Haben Sie selbst auch Probleme, sich einzuleben? Überkommt Sie gelegentlich das vage Gefühl, dass in Ihrem neuen Heim irgendetwas nicht stimmt, obwohl doch eigentlich alles Ihren Vorstellungen entspricht?

OBEN: Während der Reinigung der Räume werden an bestimmten Stellen des Hauses Räucherstäbchen abgebrannt.

RESTENERGIE

Um Ihr neues Zuhause zu einem Hort der Entspannung zu machen, gibt es neben Feng Shui auch noch die Möglichkeit, es von schädlichen Einflüssen zu »reinigen«. Die dabei angewandten Methoden sind zwar nicht eigentlicher Bestandteil der Feng-Shui-Lehre, basieren aber auf ganz ähnlichen Grundgedanken. Sie wurden im Laufe der Jahrhunderte entwickelt und viele Praktiker sind der Ansicht, dass sie die Wirkung von Feng Shui effektiv verstärken können. Experten für Feng Shui wie auch für das energetische Reinigen von Räumen konnten beobachten, dass Paare, die in eine Wohnung ziehen, deren Vorbesitzer sich scheiden ließen, sich häufig ebenfalls bald trennen. Fachleute meinen, dass dies auf den Einfluss der negativen Restenergie zurückzuführen ist. Die energetische Reinigung der Räume kann die negativen Strömungen beseitigen und das Haus mit positiver Energie erfüllen. Und selbst wenn Sie bereits längere Zeit in Ihrer Wohnung leben, können Sie diese Methode dazu nutzen, um die Räume zu reinigen und das Chi zu beleben.

WAS SIE DAZU BENÖTIGEN

Für die energetische Reinigung von Räumen gibt es ganz eigene Rituale, die Sie in der entsprechenden Fachliteratur nachlesen können. Außerdem ist die Prozedur unkompliziert und verursacht kaum Kosten. Alles was Sie brauchen ist Meersalz, Räucherstäbchen oder naturreine Duftöle und eine Glocke. Es ist auch diesmal günstiger, wenn Sie Ihre Katze während der Reinigung aus dem Raum entfernen. Erstens gilt es ohnehin als wirkungsvoller, das Ritual allein durchzuführen, und zweitens würde Ihre Katze die Veränderung des Energiepegels möglicherweise als störend oder unangenehm empfinden.

Mit Glocken werden böse Geister vertrieben.

Naturreine Duftöle können anstelle von Räucherstäbchen oder zur Anreicherung der Luft mit frischem Duft benutzt werden.

Meersalz wird häufig auf die Schwelle der Haustür gestreut.

LINKS: Restenergie von früheren Bewohnern der Räume kann Ihre Katze beunruhigen.

RECHTS: Die zur Reinigung von Räumen benötigten Hilfsmittel.

2

Wohlbefinden und Raumgestaltung

開心的貓
与
健康的家

Andere Katze, anderes Zuhause

Vielleicht haben Sie Ihre Katze aus einem Wurf von Kätzchen ausgesucht oder sie aus dem Tierheim geholt. Aber will sie überhaupt bei Ihnen leben? Sie werden es bald herausfinden, denn Katzen sind berüchtigt für ihre Unabhängigkeit. Falls ihnen ihr gegenwärtiges Zuhause nicht behagt, ziehen sie ruckzuck um – und suchen sich einen neuen Besitzer.

JEDE EINE PERSÖNLICHKEIT

Alle Katzen sind verschieden, genau wie Menschen. Manche genießen den Trubel und die Hektik einer Familie mit kleinen Kindern, andere ziehen ein ruhigeres, beschaulicheres Leben vor. Es gibt solche, die problemlos in einem Haus mit vielen Katzen, ja selbst mit Hunden zusammenleben, während andere die erste Geige spielen wollen und keine Konkurrenz neben sich dulden. Denken Sie gut nach, bevor Sie im Leben Ihrer Katze etwas verändern. Eine meiner Freundinnen konnte nicht widerstehen und nahm alle paar Monate eine neue Katze bei sich auf. Am Ende hatte sie sechs. Die Katzen kämpften miteinander, weil ihnen der Raum fehlte, um sich ihr eigenes Territorium zu schaffen. Und als dann noch ein kleiner Welpe hinzukam, war die Katastrophe perfekt. Die Katzen schienen einstimmig beschlossen zu haben, fortzugehen. Eine nach der anderen verschwand, bis meiner Bekannten nur noch eine betagte Katzendame blieb, die sich vermutlich zu alt fühlte, um einen erneuten Umzug ins Auge zu fassen.

UNERWARTETER BESUCH

Eine ähnliche Geschichte – allerdings mit Happy End – weiß eine meiner Single-Freundinnen zu berichten, die sich seit kurzer Zeit mit einer Nachbarsfamilie einen Kater teilt. Tagsüber fühlt er sich in Gesellschaft der Kinder sehr wohl, aber wenn er abends genug von all dem Trubel hat und sich von der Yang-Energie der Kinder erholen möchte, wandert er die Straße hinunter und besucht meine Freundin. Die beiden Haushalte teilen sich Futter- und Tierarztkosten und alle – einschließlich des Katers – sind zufrieden!

Es ist wirklich erstaunlich, mit welcher Zielsicherheit sich Katzen ihren passenden Besitzer suchen. Eine Kollegin hatte gerade ein Tief und mit den unterschiedlichsten Problemen zu kämpfen. Plötzlich erschien ein Kater an ihrem Küchenfenster. Zunächst schenkte sie ihm keine Beachtung, aber nachdem er eine Stunde lang miaut hatte, ließ sie sich schließlich erweichen und holte ihn rein. Sie gab ihm zu fressen – seitdem wohnt er bei ihr! Gut möglich, dass ihn das viele negative Chi im Haus angelockt hat. Obwohl er ein Streuner ist, entpuppte er sich als extrem zärtlicher und lieber Kater und das Leben meiner Freundin ist seit seiner Ankunft entschieden besser geworden.

OBEN: Diese Katze schnurrt wohlig, während sie von ihrer Besitzerin gekrault wird. Sie hat offensichtlich genau das richtige Heim gefunden.

LINKS: Manche Katzen ziehen es vor, frei zwischen zwei oder drei verschiedenen Wohnsitzen zu pendeln und gleich mehrere Besitzer von ihren Fähigkeiten profitieren zu lassen.

Katzenglück

Ihre Katze ist nur dann in der Lage, negatives Chi in positive Energie umzuwandeln, wenn sie bei Ihnen glücklich ist. Eine kranke oder niedergeschlagene Katze wird das negative Chi nur noch verstärken. Bevor Sie sich selbst eine Katze anschaffen, sollten Sie gut darüber nachdenken, ob Sie bereit sind, die Verantwortung für ihr Glück und ihre Gesundheit zu übernehmen. (Natürlich gilt das auch für alle anderen Haustiere!)

OBEN: Wie alt oder schläfrig Ihre Katze auch sein mag, sie ist eine mächtige Kraftquelle, die negative Energie neutralisieren oder sie in positive verwandeln kann.

RECHTS: Ein Bild des Glücks – zufrieden liegt diese Katze an ihrem Lieblingsplatz. Es ist an Ihnen, dafür zu sorgen, dass sie ein sicheres Zuhause hat und gut gefüttert wird. Dafür profitieren Sie von der positiven Energie, die sie ausstrahlt.

SO BLEIBT DIE KATZE ZUFRIEDEN

Dem Wohlergehen Ihrer Katze sollten Sie allergrößte Bedeutung beimessen. Schenken Sie ihr Liebe und Aufmerksamkeit, füttern Sie sie regelmäßig und achten Sie auch darauf, dass Sie genug zu trinken hat. Halten Sie Futterschüssel, Katzenkörbchen und Katzenklo sauber, lassen Sie sie turnusmäßig impfen und gehen Sie mit ihr zum Tierarzt. Lernen Sie die Bedürfnisse Ihrer Katze verstehen: Ist sie hungrig, unglücklich, krank oder verletzt? Nur so können Sie auf Probleme schnell reagieren. Die Fürsorge, die Sie Ihrer Katze entgegenbringen, kommt nicht nur ihr, sondern auch Ihnen zugute – je gesünder und lebhafter Ihre Katze ist, um so heiterer und glücklicher ist die Atmosphäre im Haus.

Das bedeutet nicht, dass Sie eine betagte Katze durch eine jüngere ersetzen sollten. Selbst wenn sie nicht mehr so aktiv ist wie in jungen Jahren und den Großteil des Tages zu verschlafen scheint, sorgt sie durch ihre Anwesenheit weiterhin dafür, dass schädliches Chi neutralisiert wird.

NEUANKÖMMLINGE

Falls sich Ihr Familienkreis vergrößert – sei es durch die Ankunft eines Babys, den Plan, eine weitere Katze oder ein anderes Haustier aufzunehmen –, sollten Sie Ihre Katze schrittweise mit dem Neuankömmling vertraut machen. Schenken Sie ihr viel Zuwendung und lassen Sie sie deutlich spüren, dass sie nach wie vor die allerwichtigste Katze in Ihrem Leben ist.

Wirkung der Form

LINKS: Sollte Ihre Katze immer einen bestimmten Platz auf Ihrem Bett aufsuchen, ist es an der Zeit zu überlegen, ob es an der richtigen Stelle steht.

UNTEN: Katzen können ihre Fähigkeiten einsetzen, um Ihnen wichtige Hinweise auf notwendige Veränderungen zu geben.

So weit, so gut: Sie besitzen eine glückliche Katze und haben Ihr Heim einem gründlichen Frühjahrsputz unterzogen. Aber zu Feng Shui gehört noch mehr als das! Denken Sie nicht, alle Arbeit ist erledigt, wenn Sie Ihr Haus ausgemistet haben, um all das schädliche Chi zu vertreiben. Auch die Form des Hauses beeinflusst die Qualität des innen und außen zirkulierenden Chi.

WICHTIGE GESTALTUNGSMERKMALE

Unter Feng-Shui-Experten gelten Gebäude, die quadratisch, rechteckig (nur zu schmal sollten sie nicht sein), achteckig oder kreisrund sind, als besonders günstig – Häuser, die unregelmäßig und wie ein L oder U geformt sind, halten sie für eher ungünstig. Allerdings lassen sich Nachteile durch bestimmte Hilfsmittel weitgehend ausgleichen. Die individuellen Gestaltungselemente Ihres Hauses haben großen Einfluss auf das darin strömende Chi. Die Höhe der Decken, die Größe und Form der Fenster und Türen, Standort und Art der Treppen und die Anordnung der Möbel sind von Bedeutung.

Die Theorien darüber, wie Gestaltungsmerkmale das Chi eines Gebäudes beeinflussen können, beruhen häufig auf dem gesunden Menschenverstand. So glauben Feng-Shui-Experten, dass niedrige Decken auf dem Chi lasten und es in seinem Fluss behindern – und wer hat nicht schon einmal beim Betreten eines Raumes mit niedriger Decke Klaustrophobie verspürt und gemeint, er müsse den Kopf einziehen?

WO IST DIE KATZE?

Beobachten Sie, wie Ihre Katze auf die verschiedenen baulichen Merkmale Ihres Heims reagiert! Aus ihrem Verhalten können Sie auf Problemstellen schließen. Auf welchem Fenstersims liegt sie lieber? Schläft sie häufiger in der Diele oder auf der Treppe? Finden Sie sie immer wieder zusammengerollt auf Ihrem Bett? Wenn Sie sich mit den Grundprinzipien von Feng Shui vertraut gemacht haben, werden Sie allmählich Ihre Wohnung mit »Feng-Shui-Augen« betrachten und in der Lage sein, problematische Stellen selbst zu erkennen. Überlassen Sie nicht die gesamte Arbeit Ihrer Katze! Wenn Sie das tun und die Katze versucht, das negative Chi in Ihrem Haus umzuwandeln, kann das zu ihrer Überlastung führen.

VERSCHIEDENE GEBÄUDEFORMEN

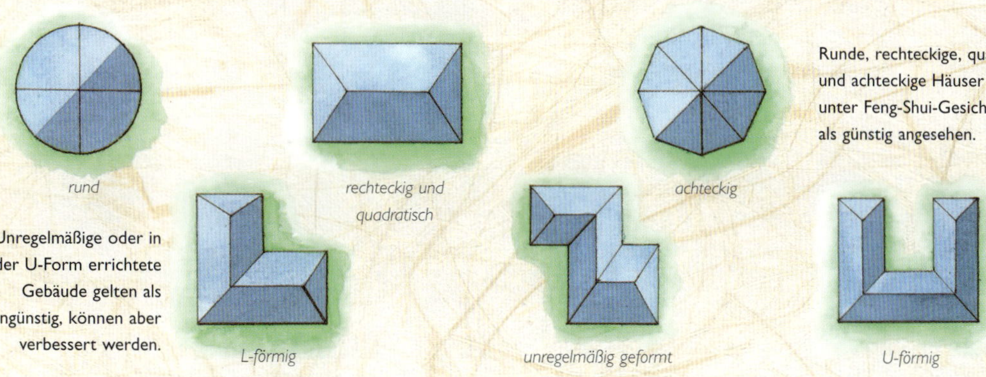

Runde, rechteckige, quadratische und achteckige Häuser werden unter Feng-Shui-Gesichtspunkten als günstig angesehen.

Unregelmäßige oder in L- oder U-Form errichtete Gebäude gelten als ungünstig, können aber verbessert werden.

Hilfsmittel

RECHTS: Die Pflanze in der Zimmerecke trägt dazu bei, das sich eventuell ansammelnde stagnierende Chi wieder zu zerstreuen. In der harmonischen Atmosphäre können Katzen und ihre Besitzer entspannen.

Glücklicherweise gibt es zahlreiche Möglichkeiten, die Sie nutzen können, um Ihrer Katze behilflich zu sein, negatives Chi in Ihrem Haus aufzulösen. Gemeinsam gelingt es Ihnen bestimmt, eine gesunde, harmonische und ausgeglichene Atmosphäre zu schaffen, die nicht nur Ihnen beiden zugute kommt, sondern jedem, der sich in Ihren Räumen aufhält.

OBEN: Spiegel können eingesetzt werden, um positives Chi zu verstärken und negative Energien abzulenken. Lassen Sie sich beraten, bevor Sie einen Spiegel aufhängen, um sicherzugehen, dass Sie nicht schlechte Energien versehentlich noch verstärken.

WENIGER IST MEHR

Kennen Sie Horrorgeschichten über Feng-Shui-Berater, die von ihren Kunden verlangt haben sollen, kostspielige und drastische Umgestaltungen an ihren Häusern vorzunehmen? Meist sind gar keine dramatischen Veränderungen notwendig! Es gibt einige relativ preiswerte und einfache Hilfsmittel, deren Sie sich bedienen können, um bauliche Nachteile Ihres Hauses auszugleichen. Das dritte Kapitel dieses Buches gibt Ihnen zwar Auskünfte über traditionelle Hilfsmittel, doch im Folgenden finden Sie schon einmal eine Liste der am häufigsten verwendeten Mittel zur Korrektur von Problemen.

Licht: Licht ist wichtig, da es die Zirkulation des Chi unterstützt und verhindert, dass es in dunklen Ecken stagniert. Natürliche Lichtquellen sind immer vorzuziehen, doch auch künstliches Licht kann hilfreich sein. Installieren Sie Dimmer, um den Grad der Helligkeit innerhalb des Raumes zu bestimmen, und bringen Sie Lampenschirme an, da sichtbare Glühbirnen als ungünstig gelten. Auch Kerzen sind eine gute Lichtquelle für Feng-Shui-Zwecke. Sie sollten sie jedoch im Auge behalten – besonders wenn Ihre Katze in der Nähe ist.

Pflanzen: Pflanzen frischen das Chi nicht nur auf, sondern erzeugen auch eigenes. Darüber hinaus können sie Giftpfeile innerhalb des Hauses ablenken. Achten Sie darauf, dass die Pflanzen gesund bleiben und regelmäßig gegossen werden.

Spiegel: Spiegel werden genutzt, um Sha Chi umzulenken. Wenn Sie einen Spiegel so anbringen, dass er eine schöne Außenansicht ins Zimmer wirft, ziehen Sie gesundes Chi in den Raum.

Windspiele: Windspiele oder Mobiles können dazu dienen, Sha Chi zu bremsen oder das Chi in verschiedene Richtungen zu zerstreuen.

Kristalle: Kristalle können zusätzliches Licht in dunkle Ecken leiten. Wenn sie an einem Band hängen und im Luftzug hin und her schaukeln, verstärkt das ihre Wirkung und Ihre Katze wird an den durchs Zimmer huschenden Lichtreflexen ihre helle Freude haben.

Elektrogeräte: Geräte wie Fernseher, Stereoanlagen, elektrische Uhren, Küchenmixer oder ähnliches können zwar zur Stimulierung des Chi beitragen, sind aber extrem kraftvolle Hilfsmittel, die Sie nur mit Bedacht einsetzen sollten.

RECHTS: Topfpflanzen sind grundsätzlich gutes Feng Shui, sie müssen jedoch gepflegt werden, damit sie ihre Aufgabe erfüllen können. Von Trockenblumensträußen wird abgeraten.

Türen

Die Haustür (oder die Wohnungstür, falls Sie in einem Mehrfamilienhaus leben) symbolisiert Ihre Beziehung zur Außenwelt. Deshalb sollten Sie dafür sorgen, dass sie stets frisch gestrichen und in ordentlichem Zustand ist. Sie sollte einen möglichst einladenden Eindruck machen, denn schließlich betritt jeder Besucher durch sie Ihr Heim. Natürlich gibt es nur wenige Dinge, die so einladend wirken wie eine zufrieden schnurrende Katze auf der Türschwelle!

GANZ LINKS: Offene Türen ermöglichen eine ungehinderte Zirkulation von Chi. Wenn Ihre Katze viel Zeit auf der Türschwelle verbringt, kann dies darauf hindeuten, dass zu viel Chi wieder aus dem Haus strömt, bevor es seine positive Wirkung entfalten konnte.

DAS CHI INS HAUS ZIEHEN

Wenn möglich, sollte die Haustür durchgehend aus Holz bestehen. Sie muss sich mühelos öffnen lassen und von außen gut beleuchtet sein. Achten Sie darauf, dass die Klingel funktioniert. Außerdem sollte der Weg oder die Treppe im Eingangsbereich sauber gefegt sein und nicht voller abgestellter Sachen stehen. Niemand möchte neben einer hässlichen, übel riechenden Mülltonne warten, wenn er Sie besuchen kommt. Zwei rundblättrige, blühende Büsche zu beiden Seiten der Tür tragen dazu bei, das Chi ins Haus zu ziehen. Pflanzen Sie auf keinen Fall Bäume, denn sie symbolisieren Räucherstäbchen, wie sie die Chinesen traditionell an Gräbern zurücklassen.

LINKS: Eine im Sinne von Feng Shui nahezu ideale Haustür: massives Holz, ausgewogene Proportionen, von rundblättrigen Büschen umrahmt und davor eine majestätische, große Katze.

DIE IDEALE TÜR

Da die Haustür die wichtigste Öffnung ist, durch die das Chi strömen kann, sind ihre Proportionen sehr wichtig. Ist sie zu groß, lässt sie zu viel Chi herein. Eine Lösung ist, den Flur in dunklen Farben zu streichen oder einen schweren Gegenstand in Türnähe zu platzieren, um das Chi zu stabilisieren. Falls Ihre Haustür zu klein sein sollte, kann das Chi nicht in ausreichender Menge ins Haus fließen. Abhilfe schaffen Sie, indem Sie über der Tür oder rechts und links davon Spiegel anbringen, um sie optisch größer erscheinen zu lassen.

Darüber hinaus hat die Tür einen Einfluss auf die Strömung des Chi innerhalb Ihrer Wohnung. Besonders ungünstig wirkt es sich aus, wenn dem Vordereingang genau gegenüber ein rückwärtiger Ausgang liegt. In diesem Fall strömt das Chi sofort zur Hintertür hinaus. Feng-Shui-Experten meinen, dass dadurch den Bewohnern einmalige Gelegenheiten entgehen. Abhilfe kann ein zwischen beiden Türen aufgehängtes Windspiel oder ein Kristall schaffen. Als noch wirkungsvolleres Hilfsmittel können Sie eine konkrete Barriere in Gestalt eines Wandschirms oder einer großen Pflanze aufstellen.

Eine Reihe von gegenüberliegenden Verbindungstüren zwischen Zimmern kann Sha Chi erzeugen. Auch hier lassen sich Windspiele oder Kristalle einsetzen.

Fenster

Laut den Feng-Shui-Regeln sollten sich Fenster stets nach außen und nicht nach innen öffnen lassen, damit das Chi ungehindert zirkulieren kann. Flügelfenster sind Schiebefenstern vorzuziehen, da sie sich weiter öffnen lassen. Unnötig zu sagen, dass die Scheiben regelmäßig geputzt werden sollten, damit das Chi beim Hineinströmen nicht verunreinigt wird.

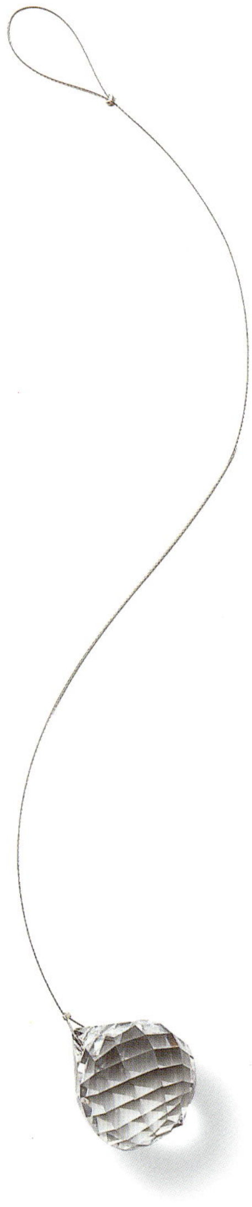

OBEN: Ein Kristall, der das Licht einfängt, verbessert ungünstig gelegene Fenster.

KRISTALLE UND KURVEN

Kristalle sind besonders wirkungsvolle Hilfsmittel, um nicht ganz ideale Fenster zu korrigieren. Hängen Sie sie so auf, dass sie die Sonne und den Wind einfangen und Ihnen auf diese Weise Licht und Bewegung schenken. Unschöne bauliche oder landschaftliche Erscheinungen, wie ein Gefängnis oder ein Stück Brachland, können schädliches Chi erzeugen. Damit diese Energie nicht in Ihr Haus strömt, können Sie einen kleinen Spiegel auf das Fensterbrett stellen, der nach draußen zeigt und die negative Energie ablenkt. Fensterpflanzen sind ebenfalls ein gutes Hilfsmittel.

MAXIMALE LICHTAUSBEUTE

Wenn Ihre Katze der meinen ähnelt, dann sieht sie in gerade fallenden Vorhängen eine ständige sportliche Herausforderung und klettert mit Vorliebe bis zur Vorhangstange hinauf, um sich sofort wieder abzuseilen, wobei sie die Krallen als Bremse benutzt. Das ist ihre Art den senkrechten Linien entgegenzuwirken, die den Fluss des Chi beschleunigen. Besser ist es, Vorhänge weich gebauscht bis auf den Boden fallen zu lassen oder sie nach dem Öffnen seitlich zu raffen, damit sie eine sanft geschwungene Linie bilden. Die Vorhänge sollten sich vollständig aufziehen lassen, damit möglichst viel Licht und Chi und damit auch positive Energie ins Zimmer strömen kann.

Im vierten Kapitel dieses Buches werden Sie etwas über die Formen-Schule des Feng Shui erfahren, nach der die Westseite eines Hauses vom großen Vetter der Katze, dem Tiger, beherrscht wird, der ein mächtiges und zugleich unberechenbares Tier ist. Ob Sie an den Tiger glauben oder nicht, fest steht, dass die Nachmittagssonne besonders gleißend ist – weshalb die Chinesen ihre Vorhänge an den Westfenstern zu jeder Tageszeit zugezogen lassen oder diese vollständig zustellen. Eine andere Lösung ist, einen Kristall ins Fenster zu hängen, der die Sonnenstrahlen zerstreut und farbenfrohe Lichtreflexe ins Zimmer zaubert.

OBEN: Sehr ungünstig: Schiebefenster mit langen, in gerader Linie fallenden Vorhängen, die den Strom des Chi behindern.

RECHTS: Gleich vier Katzen haben sich versammelt. Ihre Anwesenheit ist nötig, um das schnell fließende Chi zu verlangsamen.

Decken und Balken

Die im Westen überaus beliebten frei liegenden Deckenbalken gelten im Feng Shui als äußerst schädlich! Das liegt daran, dass sie den Lauf des Chi, das an ihrer Vertikalen entlangströmt, beschleunigen. Außerdem können sie eine bedrückende Atmosphäre im Haus schaffen – die Chinesen halten sie sogar für gesundheitsschädlich. Falls Ihre Katze es sich also gerne auf einem frei liegenden Balken bequem macht, geht es ihr nicht allein um die gute Aussicht – sie versucht auch Sie zu beschützen, indem sie die schädliche, vom Balken ausgehende Energie umwandelt.

OBEN: Ein kleiner, an einem störenden Balken angebrachter bemalter Fächer kann sich als sehr wirksam erweisen, um das schädliche Chi zu zerstreuen.

SCHÄDLICHE BALKEN

Vor allem im Schlafzimmer sollten Sie unbedingt auf Balken verzichten. Feng-Shui-Praktiker sind der Ansicht, dass ein Bett unter einem Deckenbalken eine ganze Reihe von Leiden verursachen kann, je nachdem welcher Körperteil des Schlafenden unter dem Balken zu liegen kommt. Wenn er sich zum Beispiel über dem Kopf befindet, kann das zu Kopfschmerzen führen, über der Körpermitte dagegen zu Magenschmerzen und so fort. Verläuft er so, dass er das im Bett liegende Paar »zerteilt«, kann er die Ehe zum Scheitern bringen. Balken in Küche und Esszimmer verursachen finanzielle Probleme und niemand sollte versuchen, unter einem Balken zu arbeiten – die körperliche und geistige Vitalität leidet darunter.

LINKS: Dieser halb schlafenden Katze gelingt es, die gerade Linie der Sofalehne weicher zu gestalten.

UNTEN: Offen liegende Holzbalken gelten als schlechtes Feng Shui, weil sie das Chi aus dem Raum leiten.

HILFSMITTEL BEI BALKEN

Die Aussicht, dass es im Feng Shui eine ganze Reihe von Hilfsmitteln gibt, die der schädlichen Wirkung der Balken entgegensteuern, tröstet Sie sicherlich. Um das Chi so zu lenken, dass es frei im Raum zirkuliert, können Sie am Ende des Balkens Bambusflöten aufhängen, wobei das Mundstück nach unten zeigen sollte, um die obere linke und rechte Seite des Bagua (siehe S. 84/85) nachzuahmen. Schmückende Fächer, die Sie an roten Bändern aufhängen, haben die gleiche Wirkung. Eine weitere Lösung ist, den Balken mit Stoff zu verkleiden oder den Stoff wie ein Moskitonetz über Ihrem Bett anzubringen – wenn Sie allerdings zu Klaustrophobie neigen, werden Sie ein Netz ebenso einengend empfinden wie den Balken (und Ihre Katze könnte glauben, Sie hätten ihr einen tollen Katzen-Abenteuerspielplatz gebaut). Das erdrückende Gefühl, das von niedrig hängenden Balken ausgeht, kann außerdem gemindert werden, wenn man sie mit weißer Farbe streicht.

Niedrige Decken können ebenfalls depressiv stimmen und quälende Kopfschmerzen verursachen. Mögliche Hilfsmittel sind Spiegel, die den Raum optisch vergrößern, oder Deckenfluter, die den Raum ausleuchten.

Treppen

Sitzt Ihre Katze gern auf der Treppe? Wenn ja, könnte das darauf hinweisen, dass der Chi-Fluss an dieser Stelle gestört ist. Die ideale Treppe ist breit, gut beleuchtet und verläuft in einem weichen Bogen. Leider besitzen die wenigsten von uns Häuser, die Platz für ein derart herrschaftliches Treppenhaus haben. Stattdessen hat der obere Treppenabsatz häufig eine niedrige Decke, die auf den oberen Teil der Treppe zu drücken scheint. Eine solche Decke lässt sich optisch »heben«, indem man dort einen Spiegel anbringt.

OBEN: Eine Kletterpflanze ist recht hilfreich, um zu verhindern, dass das Chi die Wendeltreppe hinab- und zur Haustür hinausströmt.

OBEN: Deckenfluter können die von niedrigen Decken verursachte gedrückte Stimmung heben.

RECHTS: Diese ungünstige Treppe braucht die Energie von drei Katzen. Für jede Stufe eine.

GESCHWUNGEN ODER NICHT?

Wenn Sie jetzt glauben, dass eine Wendeltreppe mit ihren vielen Kurven ideal ist, täuschen Sie sich. Sie gilt bei Feng-Shui-Experten sogar als die ungünstigste Treppe! Ihrer Ansicht nach bohrt sie sich durchs Haus wie ein gigantischer Spiralbohrer. Lässt sich eine Katze auf einer Wendeltreppe nieder, ist das nicht nur dekorativ – sie bemüht sich vielmehr, die von der Treppe ausgehende negative Energie zu neutralisieren.

Falls Sie selbst in einem Haus mit Wendeltreppe wohnen, ist das kein Grund für kostspielige Umbauten. Bringen Sie im oberen Stockwerk eine starke, helle Lichtquelle an, die die gesamte Treppe beleuchtet. Handelt es sich um eine Treppe mit nicht verkleideten Stufen, kann das Chi durch die offenen Zwischenräume entweichen. Als Gegenmittel empfiehlt es sich, im Scheitelpunkt der Treppe, hinter der untersten Stufe eine große Pflanze aufzustellen, an der das Chi frei nach oben fließen kann.

HALTEN SIE DAS CHI IM HAUS?

Die Chinesen glauben, dass es Unglück bringt, wenn eine Treppe direkt von der Eingangstür nach oben führt, da dies bewirkt, dass Glück und Wohlstand gleich wieder aus dem Haus strömen. Um diesem Effekt entgegenzuwirken, können Sie eine Kristallkugel oder ein Windspiel zwischen Tür und Treppe hängen oder eine große Pflanze aufstellen.

Der Eingangsbereich

OBEN: Wird in einer kleinen Diele die Energie zusammengedrückt, kann ein Bild mit Landschaftsmotiv Abhilfe schaffen. Eine gute Wahl ist ein Motiv mit sanft gewellten Hügeln und Wasser.

Stellen Sie sich vor, Sie sind zu Besuch in Ihrem Haus. Welchen Eindruck vermittelt Ihnen der Eingangsbereich? Ist er hell und einladend? Oder stolpern Sie über die Katze, wenn Sie sich im dämmrigen Licht vorantasten?

Das in Ihr Haus strömende Chi fließt zum größten Teil durch die Haustür herein. Der Eingangsbereich ist also der erste Raum, der vom Chi durchflutet wird, bevor es seinen Weg durch das übrige Haus nimmt. Falls Ihre Katze sich häufig in der Diele aufhält, kann das bedeuten, dass das Chi bei seiner Ankunft im Haus auf Hindernisse trifft, die seinen Fluss hemmen.

DAS CHI EINLADEN

Ein heller, warmer und einladender Eingangsbereich zieht das Chi ins Haus. Legt man noch drei Goldmünzen unter die Fußmatte, dann hat man einen zusätzlichen Glücksbringer. (Eine Reihe von Feng-Shui-Spezialläden verkauft drei an ein rotes Glücksband geknüpfte chinesische Münzen).

Ist Ihre Diele so klein, dass Sie gerade mal die Tür öffnen können, dann aber sofort einer Wand gegenüberstehen, wird das Chi unmittelbar nach seiner Ankunft im Haus mit einem Hindernis konfrontiert. Sie können Abhilfe schaffen, indem Sie ein idyllisches Landschaftsbild gegenüber der Tür aufhängen. Das Bild sollte den Eindruck von Tiefe vermitteln und die Diele dadurch geräumiger erscheinen lassen. Gerade bei einer kleinen Diele sollte auf eine helle Deckenbeleuchtung Wert gelegt werden.

LINKS: Glück bringende chinesische Münzen, die unter die Fußmatte gelegt werden, ziehen den Wohlstand an.

DAS CHI BERUHIGEN

Wenn Ihre Wohnung einen schmalen Flur besitzt, fällt Ihnen vielleicht auf, dass Ihre Katze gern an dessen Ende sitzt. Das liegt daran, dass die Länge die Geschwindigkeit von Sha Chi beschleunigt. Sie können die Energie drosseln und verlangsamen, indem Sie in der Mitte des Flurs ein Mobile oder ein Windspiel aufhängen oder in Abständen üppige rundblättrige Kübelpflanzen aufstellen. Eine andere Möglichkeit zur Verlangsamung von Chi ist, auf beiden Seiten mehrere Spiegel hintereinander anzubringen. Dahinter steckt die Idee, dass das Chi auf dem Weg den Flur hinunter von einem Spiegel zum nächsten geworfen wird, so dass es nicht in hohem Tempo direkt in die übrigen Räume fließt.

LINKS: Windspiele sind wie Spiegel und Kristalle nützliche Hilfsmittel für Orte, an denen der Energiefluss verlangsamt werden soll.

GANZ LINKS: Vielleicht sitzt Ihre Katze häufig am Ende eines langen, dunklen Korridors. Sie sorgt dann für die Umwandlung von Sha Chi.

Die Küche

Warum streicht Ihre Katze ständig an Ihren Beinen entlang, wenn Sie gerade ein aufwändiges Essen kochen wollen? Es geht ihr nicht allein um Beachtung – oder die Hoffnung, dass ein paar Leckerbissen für sie abfallen. Sie ist vor allem deshalb so aufgeregt, weil in diesem Moment unglaubliche Mengen an Energie erzeugt werden. Nach Feng-Shui-Vorstellungen ist die Küche der Dreh- und Angelpunkt des Hauses. Nahrung und ihre Zubereitung werden mit Wohlstand verbunden – je mehr Geld Sie besitzen, desto besser können Sie essen und je besser Sie essen, desto größer ist Ihre Energie, um Geld zu verdienen.

ENERGIE UND BEWEGUNG

In einem gesunden Haus erinnert die Küche an einen summenden Bienenkorb. Denken Sie nur an die Energie, die während der Essenszubereitung von verschiedenen Quellen erzeugt wird: die Hitze des Herdes, der Wasserstrahl aus dem Wasserhahn, das Klappern der Kochutensilien und das Sirren der Elektrogeräte – von dem geschäftigen Hin und Her des Kochs ganz zu schweigen. Die meisten Einbauküchen sind so angelegt, dass sie in geraden Zeilen an der Wand stehen, was den Fluss des Chi beschleunigt.

Wenn überhaupt, dann muss das Chi in der Küche verlangsamt werden, wobei Sie natürlich trotzdem darauf achten sollten, dass es keine toten Ecken gibt, in denen es sich verfangen könnte. Wenn Sie den Napf und das Körbchen Ihrer Katze in die Küche stellen, können Sie sie vielleicht dazu bringen öfter dort zu übernachten und damit das Chi zu dämpfen.

OBEN: Gerade Linien beschleunigen den Energiefluss. Die Ausstrahlung Ihrer Katze trägt dazu bei, den Chi-Fluss zu beruhigen.

RECHTS: Katzen teilen sich den Futternapf gern, sofern für beide Platz ist. Streitende Katzen erzeugen allerdings negative Energie.

UNTEN: Es wirkt so, als würde diese Katze einfach nur ihr Fressen genießen, doch gleichzeitig ist sie beschäftigt, das Chi in der Küche zu dämpfen.

SAUBERKEIT IN DER KÜCHE

Es versteht sich von selbst, dass die Küche absolut sauber gehalten, der Abwasch sich nicht tagelang in der Spüle stapeln und die Futternäpfe Ihrer Katze immer gründlich gereinigt werden sollten. Wenn sie satt ist und ihr Fressen seit Stunden nicht mehr angerührt hat, lassen Sie es nicht stehen, bis es alt ist und stinkt – werfen Sie es weg! Auch Wasser- und Milchnapf müssen regelmäßig gespült werden, damit ihr Inhalt nicht schal oder sauer wird. Ich rate Ihnen dringend davon ab, das Katzenklo in die Küche zu stellen. Am besten ist es, im Haus überhaupt kein Katzenklo aufzustellen. Sollten Sie einen Garten besitzen, könnten Sie eine bestimmte hinter Büschen versteckte Stelle aussuchen und Ihrer Katze beibringen, diese als Toilette zu benutzen.

Das Bad

Nach Meinung von Feng-Shui-Experten sind Badezimmer häufig ein Problembereich. In früheren Zeiten besaßen chinesische Häuser gar kein Badezimmer. Auch die Toilette befand sich außerhalb des Hauses, denn es galt als ungünstig, sie unter dem Dach des Wohnhauses zu haben.

EIN YIN-BEREICH

Die Chinesen gehen davon aus, dass es Unglück bringt, wenn sich die Toilette direkt gegenüber der Badezimmertür befindet. Sollte dies bei Ihnen der Fall sein, können Sie zwischen Tür und Toilette ein Windspiel an die Decke hängen.

Fällt der Blick sofort beim Betreten des Hauses auf das Badezimmer, ist das ebenfalls ungünstig. Trifft das bei Ihnen zu, sollten Sie die Badezimmertür immer geschlossen halten. Zusätzlich könnten Sie sich überlegen, außen an der Tür einen Spiegel anzubringen. (Wenn sich das Katzenklo bei Ihnen im Badezimmer befindet, müssen Sie eventuell eine Katzentür einbauen lassen, damit die Katze ungehindert hinein kann.)

Das Badezimmer wird wegen seiner Verbindung zum Wasser sehr stark vom Yin bestimmt. Seine Ausstattung sollte möglichst schlicht sein, damit das Chi nicht stagnieren kann, was Feuchtigkeit und Schimmel hervorrufen würde. Das Aufstellen von Pflanzen ist zur Verbesserung des Chi im Bad ein bewährtes Mittel.

CHI UND WASSER

Da im Bad ein Yin-Klima herrscht, ist es wenig wahrscheinlich, dass sich Ihre Katze – ebenfalls ein Yin-Tier – häufig dort aufhält. Wenn sie aber doch einmal hereinschaut, fällt Ihnen wahrscheinlich auf wie fasziniert sie von fließendem Wasser ist, vor allem wenn bei Ihnen ein Hahn tropft. (Übrigens: Das im Abfluss verschwindende Wasser zieht das Chi wie in einem Strudel mit sich davon. Achten Sie darauf, alle schadhaften Hähne sofort zu reparieren!) Manche Feng-Shui-Praktiker raten, Badewanne und Waschbecken stets zu verstöpseln, wenn sie nicht benutzt werden, damit das Chi nicht entweichen kann. Aus demselben Grund sollte auch der Toilettendeckel immer zugeklappt werden. (Hätte ich das früher gewusst, dann wäre mir und meiner Katze einiges erspart geblieben: Sie spazierte eines Tages den Rand der Badewanne entlang, in die gerade Wasser einlief, verlor den Halt und fiel hinein. Erschrocken sprang sie mit einem Satz heraus – und landete in der Kloschüssel!)

OBEN: Pflanzen sind ausgezeichnete Hilfsmittel für Feng-Shui-Probleme, die Sie in Ihrem Badezimmer entdecken.

GANZ LINKS: Unter Feng-Shui-Gesichtspunkten ist die Toilette problematisch, verkörpert sie doch das Wegspülen von Energie. Klappen Sie deshalb den Deckel immer zu!

LINKS: Eigentlich halten sich Katzen wegen der starken Yin-Energie ungern im Bad auf. Weil Wasser sie fasziniert, kann es aber gut sein, dass Ihre Katze Ihnen Gesellschaft leistet, wenn Sie in der Wanne liegen.

Das Schlafzimmer

In der Feng-Shui-Lehre gilt das Schlafzimmer als Ort der Erholung. Hilfsmittel sollten in diesem Raum nur sparsam eingesetzt werden, allenfalls um Sha Chi zu verlangsamen. Die Einrichtung muss so gewählt sein, dass sie der Entspannung förderlich ist. Aus diesem Grund haben hier alle Dinge, die wie Computer mit Arbeit zu tun haben, nichts zu suchen.

OBEN: Ihre Katze zieht es zwar auf Ihr Bett – ermuntern Sie sie aber lieber, in einer der acht Zonen des Bagua zu schlafen.

GANZ RECHTS: Kätzchen stecken voller Yang-Energie und können im Schlafzimmer für Unruhe sorgen.

UNTEN: Katzen sind zu unruhig, als dass sie für Menschen geeignete Bettgefährten wären.

EIN PLATZ ZUM AUSRUHEN

Um dem Bedürfnis nach Entspannung und Ruhe Rechnung zu tragen, sollten Sie überlegen, ob Sie Ihre Katze nachts aus dem Schlafzimmer verbannen. Ja, natürlich schläft sie besonders gern auf Ihrem Bett – aber wie oft stört sie Sie beim Schlafen, weil sie sich an Ihren Rücken kuschelt? Wie oft werden Sie unsanft geweckt, weil Ihre Katze findet, es sei höchste Zeit fürs Frühstück? Ganz abgesehen davon: Wenn es Ihnen gelingt, Ihre Katze zu überreden, stattdessen in einer der acht Glück bringenden Zonen des Bagua zu schlafen (mehr darüber erfahren Sie im dritten Kapitel dieses Buches), kann sie Ihnen helfen, positive Energien zu erzeugen, die einem bestimmten Lebensbereich zugute kommen.

REGELN FÜRS SCHLAFZIMMER

Ihre Katze ist nicht die einzige starke Energiequelle, die aus dem Schlafzimmer verbannt werden sollte. Andere sonst beliebte Hilfsmittel, wie Pflanzen, erzeugen zu viel Yang-Energie und Wasser-Hilfsmittel können unter Umständen schädlich sein. Wir haben bereits über den ungünstigen Einfluss von Deckenbalken, gerade im Schlafzimmer, gesprochen (siehe S. 57), insofern wissen Sie, dass Sie vermeiden müssen, Ihr Bett unter einen solchen Balken zu stellen. Auch Bettumbauungen mit Hängeschränken und Himmelbetten haben eine ähnliche Wirkung. Hängeschränken wird nachgesagt, Kopfschmerzen zu verursachen.

Scheuen Sie keine Mühen und Kosten, um Ihr Bett so gemütlich wie möglich zu gestalten, damit Sie sich gut erholen können. Und überlegen Sie auch, an welcher Stelle Ihr Bett stehen sollte. Nach der Feng-Shui-Lehre dürfen Ihre Füße nicht auf die Tür zeigen, wenn Sie im Bett liegen. Diese Position gilt als ungünstig, weil gemäß chinesischer Tradition Tote stets mit den Füßen voran aus dem Zimmer getragen werden.

Hängen Sie nie einen Spiegel gegenüber des Bettes auf, damit Sie beim Aufsetzen im Bett nicht in Ihr Spiegelbild sehen – das könnte zu Schlaflosigkeit und Albträumen führen. Dasselbe gilt für Fernsehgeräte. Falls Sie auf Spiegel und Fernseher nicht verzichten können, drehen Sie vor dem Schlafengehen den Fernseher vom Bett weg und verhüllen Sie die Spiegel.

Das Wohnzimmer

Wissenschaftler behaupten, Katzen seien nicht in der Lage, irgendetwas auf einem Bildschirm zu erkennen. Trotzdem scheinen Fernseher eine ganz besondere Faszination auf Katzen auszuüben. Sie setzen sich gerne darauf – besonders wenn sie ihren Schwanz vor dem Bildschirm baumeln lassen können, während Sie Ihre Lieblingsserie anschauen!

IM ZENTRUM DER AUFMERKSAMKEIT

Dass Katzen gern auf dem Fernseher sitzen, liegt nicht nur an der Wärme, die er ausstrahlt. Alle Elektrogeräte sind starke Energiequellen und der Fernseher ganz besonders, weil sich alle Aufmerksamkeit auf ihn konzentriert, sobald er eingeschaltet wird. Mit seinen Bildern bringt er außerdem die Außenwelt ins Haus.

In den meisten westlichen Wohnungen ist der Fernseher der Blickfang im Wohnzimmer, wobei die Sessel so angeordnet sind, dass jeder gut sehen kann. Im alten China, wo Seifenopern noch unbekannt waren, bildete die Wärme spendende Feuerstelle den Mittelpunkt des Raumes. Sollten Sie selbst einen Kamin besitzen, versuchen Sie, ihn wieder zum Mittelpunkt zu machen.

SCHALTEN SIE MAL AB

Vermeiden Sie es, den Fernseher aus purer Gewohnheit ständig laufen zu lassen, schalten Sie ihn nur an, wenn eine Sendung läuft, die Sie speziell interessiert. In der übrigen Zeit sollten Sie ihn möglichst hinter Schranktüren verstecken. Das ist gesünder für Sie und kommt auch dem Fernseher zugute, da Ihre Katze nicht mehr versucht ist, sich darauf zu setzen! Abgesehen davon bedarf es keiner großen Überredungskunst, die Katze dazu zu bringen, es sich vor dem Kamin gemütlich zu machen, sobald dieser zum Mittelpunkt geworden ist.

Unabhängig davon, ob Sie nun einen Kamin besitzen oder nicht, sollten Sie versuchen, Ihre Möbel so zu stellen, dass sie die achteckige Form des Bagua nachbilden (siehe S. 85). Auf diese Weise kann das Chi weicher strömen. Möbel, die an den Wänden entlang angeordnet sind, beschleunigen den Fluss des Chi. Dem Familienoberhaupt oder derjenigen Person, die den Raum am häufigsten nutzt, sollte der Platz vorbehalten sein, der bei den Chinesen als Ehrenplatz gilt – der Sessel gegenüber der Tür, der es gestattet, jeden Eintretenden sofort zu sehen, ohne selbst gesehen zu werden. Aus Gründen der Gastfreundschaft wird dieser Platz auch allen Besuchern des Hauses angeboten.

GANZ LINKS Ihre Katze fühlt sich vom Wohnraum angezogen, weil er der zentrale Raum im Haus ist. Dort kann sie sicher sein, Aufmerksamkeit zu bekommen.

OBEN: Der Kamin sollte in einem gemütlichen Wohnzimmer immer im »Zentrum« der Aufmerksamkeit stehen.

UNTEN: Ordnen Sie Ihre Möbel in einem achteckigen Muster an, damit das Chi ungehindert fließen kann.

Das Esszimmer

Wenn Sie darüber nachzudenken beginnen, wie Sie Ihr Esszimmer nach Feng-Shui-Grundsätzen verbessern können, versuchen Sie sich vorzustellen, wie ein Raum aussehen muss, in dem Sie gerne zu Gast wären, ein Raum, in dem Sie sich wohlfühlen.

OBEN: Spiegel passen gut ins Esszimmer, weil sie die Speisen »vervielfältigen« und dadurch den Eindruck von Wohlstand vermitteln.

UNTEN: Wenn Sie Ihre Gäste am Tisch platzieren, vergessen Sie nicht, den Ehrengast so zu setzen, dass er die Tür im Auge hat – zumindest im Spiegel.

GERÄUMIGKEIT UND ÜBERFLUSS

Da es sich um einen Yin-Raum handelt, sollten Sie darauf bedacht sein, eine entspannte Atmosphäre zu schaffen. Denken Sie immer an Begriffe wie »Behaglichkeit« und »Entspannung«, dann machen Sie sicher nichts falsch.

Um das Esszimmer geräumig erscheinen zu lassen und die Decke optisch zu heben, können Sie Deckenfluter einsetzen und Spiegel aufhängen, die den Raum größer erscheinen lassen. Als besonders günstig gilt es, die Spiegel so anzubringen, dass sie die Speisen auf dem Tisch optisch »vervielfältigen« – da die Chinesen ja Essen mit Wohlstand gleichsetzen. Achten Sie allerdings darauf, dass man sich vollständig darin sehen kann – es gilt als äußerst ungünstig, wenn man vom Spiegel förmlich »enthauptet« wird.

Wie im Wohnzimmer bekommt der Ehrengast auch im Esszimmer den Sitzplatz gegenüber der Tür. Falls das nicht möglich ist, sollte er die Tür zumindest in einem Spiegel sehen können.

OBEN: Achteckige Tische sind besonders günstig. Das wird auch Ihre Katze bestätigen, die sich gern darauf setzt.

RECHTS: Erlauben Sie Ihrer Katze ruhig, ins Esszimmer zu kommen, denn ihre Anwesenheit im Raum sorgt für Energie.

DER ACHTECKIGE GLÜCKSBRINGER

Die bestmögliche Form für den Esstisch ist das Achteck, aber auch ein runder oder rechteckiger Tisch – allerdings mit abgerundeten Kanten – ist geeignet. Achten Sie vor allem darauf, dass er groß ist, sodass alle bequem daran Platz haben. Viel Raum zur Verfügung zu haben verstärkt die Atmosphäre von Wohlstand und Überfluss – ganz abgesehen davon, dass niemand beim Essen gern den Ellenbogen des Nachbarn in den Rippen spürt!

Die Beleuchtung sollte nicht zu grell sein. Selbstverständlich sind auch Kerzen ein wichtiges Element, da sie nicht nur das Chi im Raum mit frischer Energie anfüllen, sondern auch das Ihrer Gäste. Eine Blumendekoration trägt ebenfalls zur Erneuerung des Chi bei. Achten Sie aber darauf, dass das Blumenwasser klar und frisch ist und welke Blüten sofort entfernt werden. Das Blumenarrangement darf keinesfalls hoch sein, damit es auf dem Tisch nicht wie eine Barriere wirkt. Von Uhren im Esszimmer sollten Sie absehen, weil die Gäste ihr Essen ganz entspannt einnehmen wollen, ohne sich gedrängt zu fühlen.

Giftpfeile

Im ersten Teil dieses Buches haben Sie bereits gelesen, dass Giftpfeile oder »Messer«, wie sie auch genannt werden, durch Telefonmasten und Häuserkanten, die auf Ihr Wohnhaus zeigen, erzeugt werden. Auch im Inneren des Hauses können sich Giftpfeile bilden.

OBEN: **Mit Hilfe von kräftigen Zimmerpflanzen kann man Ecken, die einen Giftpfeil bilden, wirksam abschirmen und verhindern dass sich stagnierendes Chi ansammelt.**

KANTEN ABMILDERN

Wenn sich Ihre Katze auffallend oft an einer bestimmten Stelle aufhält, kann das daran liegen, dass sie versucht, Sie vor einem Giftpfeil zu schützen, der in Ihre Richtung zeigt. Zimmerecken erzeugten Giftpfeile. Sie können abgelenkt werden, indem man beiderseits der Ecke einen Spiegel anbringt, eine große Pflanze davor stellt oder einen Kristall aufhängt. Ein eckiger Pfeiler im Raum kann entschärft werden, indem man an allen vier Seiten Spiegel anbringt oder eine Kletterpflanze daran hochranken läßt. Runde Säulen stellen kein Problem dar, weil ihre Form die Zirkulation des Chi begünstigt. Wenn Sie neue Möbel kaufen, können Sie Giftpfeilen vorbeugen, indem sie Möbel mit abgerundeten Ecken wählen. Falls sich Probleme mit bereits vorhandenen Möbeln herausstellen, rücken Sie sie einfach an einen Platz, der nicht auf die Stelle zeigt, an der Sie oder Ihre Familie gerne sitzen. Sie können sie aber auch mit einem dekorativen Überwurf verhüllen oder eine Pflanze davor stellen. Denken Sie daran, dass es Feng-Shui-Regeln widerspricht, im Schlafzimmer Pflanzen zu haben. Wenn Sie dort Giftpfeile entdecken, die auf Ihr Bett zeigen, können Sie diese neutralisieren, indem Sie ein Windspiel vor die bedrohliche Ecke hängen.

REGALE UND TÜREN

Lassen Sie nirgendwo im Haus Schranktüren offen – auch sie bilden Giftpfeile. Ähnliches gilt für Regale und Bücherborde, die Sie am besten mit Türen versehen. Sollte dies nicht möglich sein, ziehen Sie sich eine Kletterpflanze, die sich an den Regalbrettern entlang rankt, oder stellen Sie Kristalle auf das Regal, um die Wirkung des Pfeils zu mildern. Ihre Katze kann nicht viel gegen die Giftpfeile unternehmen, es sei denn, sie postiert sich ständig zwischen Ihnen und der Quelle der bedrohlichen Energie.

Die im Wohnzimmer hängenden Bilder sollten idealerweise friedliche Motive zeigen.

Die negative Wirkung, die dieser Pfeiler auf das Chi hat, kann entschärft werden, indem man eine Kletterpflanze davor stellt, die sich daran emporrankt.

Weich drapierte Vorhänge würden den Chi-Fluss abmildern.

Diese Pflanze verdeckt eine ungünstige Ecke – mit runden Blättern wäre sie allerdings noch wirkungsvoller.

GANZ LINKS: **Kleine Kätzchen verbringen viel Zeit damit, treppauf und treppab zu jagen und zwischen den Streben des Geländers hervorzulugen. Während sie ihren Spaß haben, absorbieren sie die negative Energie des Giftpfeils, der durch die geraden Linien der Stufen erzeugt wird.**

3

Gesund und glücklich mit Feng Shui

風水帶來健康愉快

Glück

Wir im Westen neigen dazu, Glück als etwas zu betrachten, das uns zufliegt, worauf wir keinen Einfluss haben. Wir sprechen von glücklichen »Zufällen«, von »Glückstreffern«, davon, dass wir gerade noch mal Glück gehabt hätten – so als läge Glück oder Unglück nicht in unserer Hand. Die alten Chinesen haben das Glück ganz anders, viel spiritueller gesehen.

DAS GLÜCKSDREIECK

Die Chinesen gingen davon aus, dass es drei verschiedene Arten von Glück gibt: nämlich das »Himmelsglück«, das »Erdenglück« und das »Menschenglück«.

Himmelsglück ist eng mit dem verwandt, was wir im Westen unter Schicksal verstehen: etwas, womit man geboren wird. Es ist im chinesischen Horoskop niedergelegt und man kann ihm nicht entrinnen.

Das Erdenglück hängt von den jeweiligen Lebensumständen ab – von Chancen, die man wahrnimmt, und Entscheidungen, die man trifft, die es einem ermöglichen, seine Ziele zu verwirklichen. Erdenglück allein reicht jedoch nicht aus, um optimale Zufriedenheit im Leben zu erreichen. Dazu muss es noch mit Menschenglück gepaart sein, das nur durch Eigeninitiative und harte Arbeit erlangt wird. Anders gesagt: Menschenglück ist selbst geschaffenes Glück. Um Menschenglück zu erlangen, muss jeder hart arbeiten, dennoch wird es als falsch angesehen, allzu zielstrebig seinen eigenen Vorteil im Auge zu haben. Menschenglück funktioniert dann am effektivsten, wenn Sie sich die Zeit nehmen, an das Wohl anderer zu denken und anderen zu helfen, die weniger Glück haben als Sie.

GLÜCK UND FENG SHUI

Feng Shui hat seinen Platz im Glücksdreieck, weil es Ihnen helfen kann Ihr Erdenglück zu verstärken, und positive, günstige Einflüsse in Ihr Leben bringt. Und falls Sie über einen der Fallstricke stolpern, die das Leben unweigerlich für Sie bereithält, dann kann Ihnen Feng Shui helfen, die Folgen abzuschwächen und es Ihnen erleichtern, damit fertig zu werden.

OBEN: Im Westen sagt man Katzen nach, Schicksalsboten zu sein. Allerdings ist man geteilter Ansicht, wann sie Glück oder Unglück bringen. Die meisten Katzenbesitzer haben jedenfalls das Gefühl, großes Glück zu haben, weil sie ihr Leben mit einer Katze teilen dürfen.

GANZ LINKS: Von der Katze lässt sich ganz gut lernen, wie man es anstellt, das Glück beim Schopf zu packen. Beobachten Sie den wachsamen Blick, den gespannten Körper und die gespitzten Ohren: Diese Katze ist auf dem Sprung, sich einen Leckerbissen zu holen.

LINKS: Eine Katze räkelt sich wohlig auf der fantasievollen Darstellung des Glücksdreiecks. Katzen warten nicht darauf, dass das Glück sie findet – sie ergreifen immer selbst die Initiative.

Glück und Feng Shui

RECHTS: Gleich zwei potenzielle Glücksbringer sitzen in einem Körbchen. Was sie jetzt noch brauchen, ist ein Schubs in die richtige Richtung.

Die Kompass-Schule sagt, dass es acht fundamentale Lebensbereiche gibt, die man mit Hilfe von Feng Shui positiv beeinflussen kann. Sie werden als die acht Zonen oder Ecken des Bagua bezeichnet. In der unten stehenden Zeichnung finden Sie jeden Bereich näher erläutert.

DIE ACHT LEBENSBEREICHE

SÜDOSTEN
WOHLSTAND
Bedarf wohl keiner Erklärung!

SÜDEN
RUHM
Im Sinne von Ansehen und wie Sie von Ihrer Umwelt wahrgenommen werden.

SÜDWESTEN
LIEBE
Ebenfalls nicht erklärungsbedürftig!

OSTEN
FAMILIE
Bezieht sich auf die Gesundheit Ihrer Familie und Ihr Verhältnis zu den einzelnen Mitgliedern.

WESTEN
KINDER
Auswirkung auf Ihre Kinder und was sie erreichen.

NORDOSTEN
BILDUNG
Nicht ausschließlich im Sinne von Wissen, sondern betrifft auch Weiterbildung und Weiterentwicklung.

NORDEN
KARRIERE
Wirkt sich auf Erfolg und Zufriedenheit im Beruf aus.

NORDWESTEN
HILFREICHE FREUNDE
Hierzu gehören Lehrer oder Betreuer am Arbeitsplatz – alle, die Ihnen helfen, das Beste aus Ihrem Leben zu machen.

DIE FARBEN DER ELEMENTE

Im ersten Teil dieses Buches haben Sie erfahren, dass jedem Element eine bestimmte Farbe zugeordnet wird. Im Bagua entspricht jede Zone einem Element und damit auch einer Farbe.

WASSER *Schwarz, Blau*

FEUER *Rot*

HOLZ *Grün, Braun*

METALL *Silber, Gold, Weiß*

ERDE *Gelb, Braun*

Fünf Elemente

Wenn Sie die Grundprinzipien der Kompass-Schule auch auf Ihre Wohnung anwenden wollen, müssen Sie sich noch etwas mit der Theorie beschäftigen, bevor Sie beginnen, das Chi mit Hilfsmitteln zu verbessern.

DIE ACHT ZONEN

Im ersten Teil des Buches wurde über Yin und Yang gesprochen und darüber, dass sie auf den fünf Grundelementen beruhen, aus denen das Universum zusammengesetzt ist – Feuer, Metall, Wasser, Holz und Erde. Diese Elemente beziehen sich auf die unten abgebildeten Glücks- bzw. Verstärkungszonen des Bagua.

OBEN: Entspannt, dabei aber hellwach, prüft diese Katze, aus welcher Richtung der Wind weht, um herauszufinden, von woher ihr das Glück lacht.

LINKS: Das nebenstehende Kreisdiagramm zeigt, welches Element und welche Himmelsrichtung den einzelnen Lebensbereichen zugeordnet werden. Der wohlüberlegte Einsatz des richtigen Elements am entsprechenden Ort hilft, diesen Bereich zu verbessern.

GANZ LINKS: Katzen werden mit dem Element Holz in Verbindung gebracht. Sie suchen es gerne auf, um Kraft zu tanken.

Produktive und destruktive Kreisläufe

Die fünf Elemente lassen sich in zwei gegensätzliche Kreisläufe einteilen: einen produktiven und einen destruktiven. Das ist gar nicht so kompliziert, wie es klingt.

GANZ RECHTS: Katzen lieben Bäume und sitzen gern in den Ästen. Falls Ihre Katze nichts zum Klettern hat, vergnügt sie sich auf Ihren Holzmöbeln.

UNTEN: Gemäß der Feng-Shui-Vorstellung vom produktiven Kreislauf sind Wasser und Holz eng miteinander verbunden.

PFLEGE DER ACHT ZONEN

Der produktive Zyklus verläuft folgendermaßen: Feuer gebiert Erde, aus Erde gewinnt man Metall, Metall lässt sich verflüssigen wie Wasser, Wasser lässt das Holz wachsen und Holz lässt Feuer brennen.

Im destruktiven Kreislauf schmilzt Feuer Metall, Metall (in Form der Axt) fällt Holz. Holz raubt der Erde Kraft, Erde saugt Wasser auf und Wasser löscht Feuer. Die Beziehung der Elemente untereinander hat einen entscheidenden Einfluss auf die Auswahl der Hilfsmittel zur Verstärkung eines bestimmten Bereichs. Grundsätzlich sollte man Hilfsmittel wählen, die mit dem Element in Verbindung gebracht werden und die den betreffenden Lebensbereich fördern oder zumindest stärken. Unbedingt vermeiden müssen Sie alles, was einen zerstörerischen Einfluss auf ein Element der gewünschten Zone ausübt.

DAS ELEMENT DER KATZE

Der Katze ist das Element Holz zugeordnet. Deshalb fühlt sie sich in solchen Häusern wohler, deren Eingangstür in die Himmelsrichtungen zeigt, die dem Holz zugeordnet werden, also Osten und Südosten. Eine in nördlicher Richtung liegende Tür behagt ihr auch, weil dies die Himmelsrichtung des Wassers ist, das wiederum Holz nährt. Damit Ihre Katze gesund und glücklich bleibt, sollten Sie ihr ein Körbchen in einer der Farben oder in einer Kombination aus den Farben bereiten, die dem Holz (Grün/Braun) oder dem Wasser (Schwarz/ Blau) zugeordnet werden.

Wenn Sie einmal das Konzept der produktiven und destruktiven Kreisläufe verstanden haben und wissen, wie sich die einzelnen Elemente zu den jeweiligen Zonen verhalten, können Sie beginnen, das Chi bestimmter Bereiche und damit generell Ihre Lebensqualität zu verbessern.

Das Bagua

Das Bagua ist ein achteckiges Feng-Shui-Werkzeug, das entsprechend den acht Himmelsrichtungen auf dem Kompass in acht Segmente unterteilt ist. In seiner Mitte befindet sich häufig ein Yin-Yang-Symbol. Jede der Himmelsrichtungen und die dazu gehörende Bagua-Zone entsprechen einem bestimmten Lebensbereich (siehe S. 78).

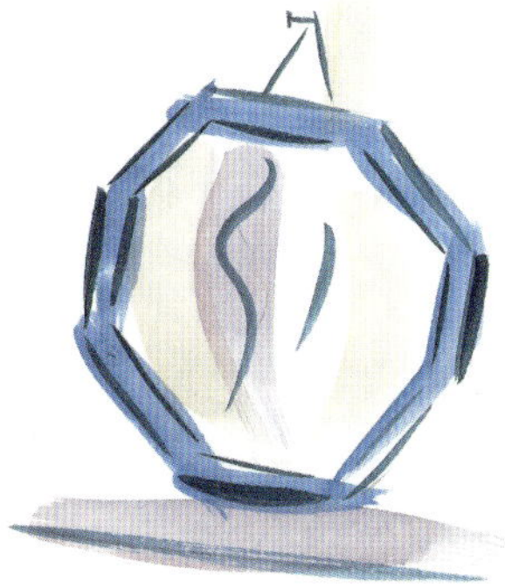

GANZ LINKS: Instinktiv hat sich diese Katze in der Zimmerecke zusammengerollt. Sie versucht dem Raum eine günstige, eher achteckige Form zu verleihen.

LINKS: Ein Spiegel in einem achteckigen Rahmen kann ein sehr wirkungsvolles Hilfsmittel sein.

DIE ACHT ZONEN DES BAGUA

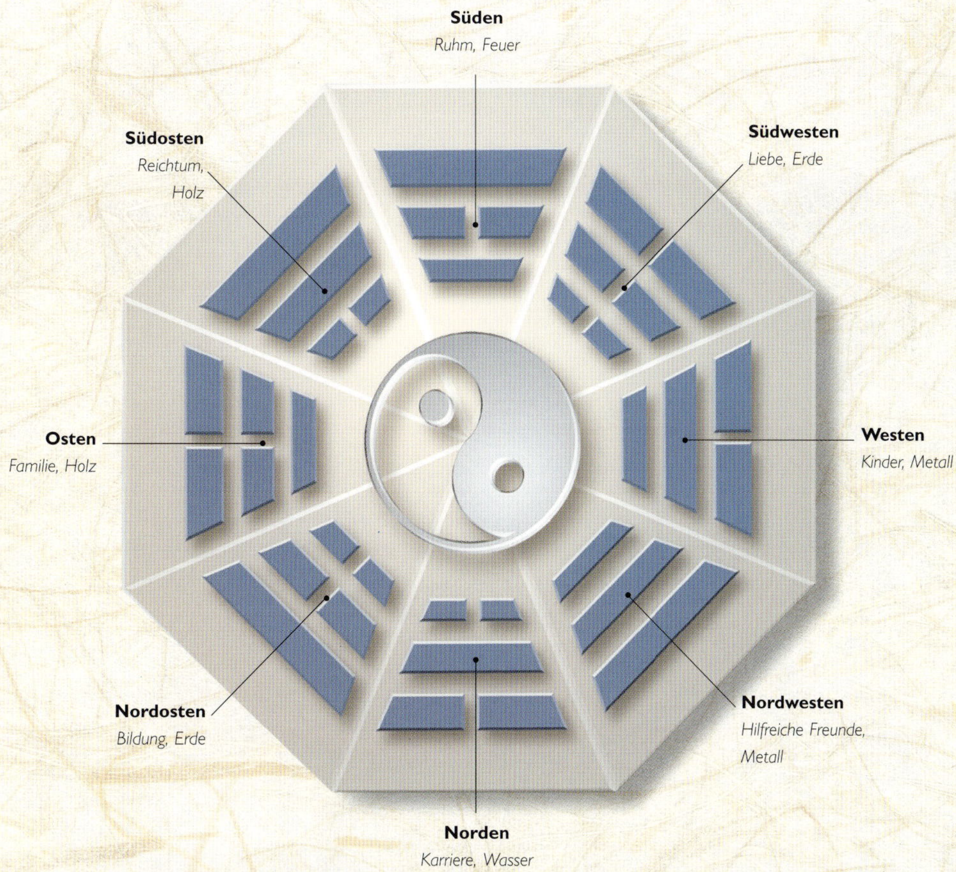

Jede Zone des Bagua enthält eines der Trigramme des I Ging. Dabei handelt es sich um Muster, die der legendäre erste Kaiser von China, Huang Ti, auf dem Panzer einer Schildkröte entdeckt haben soll, die er am Flussufer fand. Mittels der Trigramme können Sie herausfinden, wie die verschiedenen Himmelsrichtungen die Menschen, mit denen Sie zusammenleben, beeinflussen. Hier wird allerdings nur erklärt, wie das Bagua Ihnen helfen kann, die verschiedenen Glück bringenden Zonen in Ihrer Wohnung zu finden.

Das Bagua benutzen

Das Schöne am Bagua der Kompass-Schule ist, dass es auf jede Art von Lebensraum angewendet werden kann, auf eine kleine Wohnung ebenso wie auf ein Haus mit mehreren Etagen. Es lässt sich aber auch auf einzelne Räume und sogar auf den Garten übertragen.

OBEN: **Zeichnen Sie einen Grundriss Ihrer Wohnung! Achten Sie darauf, dass immer Süden oben und Norden unten liegt.**

DER ERSTE SCHRITT

Die Arbeit mit dem Bagua ist sehr einfach. Sie benötigen dazu Lineal, Kompass, Bleistift und einige Blatt Papier – am besten kariertes Papier und Transparentpapier.

Stellen Sie zunächst mit einem Kompass fest, wie Ihr Haus ausgerichtet ist. Feng-Shui-Berater benutzen dazu einen besonderen, sehr komplizierten Kompass, den so genannten Luo Pan, den man häufig in Asienläden findet. Dabei handelt es sich um ein Spezialwerkzeug für Experten. Für Ihre Zwecke genügt ein ganz normaler, einfacher Kompass.

Als Nächstes zeichnen Sie auf das Karopapier einen Grundriss von jedem Stockwerk Ihres Hauses, wobei Süden oben und Norden unten liegen sollte. Vergessen Sie nicht die Anbauten wie Wintergarten oder Garage und versuchen Sie die Proportionen der einzelnen Räume möglichst genau wiederzugeben.

Wenn Sie mit dem Grundriss zufrieden sind, pausen Sie das Bagua auf der vorhergehenden Seite auf Transparentpapier und legen dieses, wieder mit Süden nach oben, auf den Wohnungsplan. Nun können Sie erkennen, in welchen Bereichen Ihres Heims sich die einzelnen Glück bringenden Zonen befinden, und anfangen, über Veränderungen nachzudenken.

Möglicherweise stellen Sie dabei fest, dass der Grundriss Ihres Heims »unregelmäßig« angelegt ist und einzelne Räume kein perfektes Quadrat oder Rechteck bilden, weshalb bestimmte Zonen des Bagua zu fehlen scheinen. Das kommt häufig vor. In einem späteren Kapitel werden wir Ihnen zeigen, wie man diese Bereiche »ersetzt«.

Überlegen Sie sich, an welchen Stellen sich Ihre Katze besonders gern aufhält und in welche der Bagua-Zonen sie fallen. Kann es sein, dass sie häufig im Südwesten sitzt, weil sie spürt, dass Sie Schwierigkeiten haben, den richtigen Partner zu finden? Oder versucht sie Ihnen über eine besondere Klippe auf Ihrem beruflichen Weg zu helfen, indem sie im Norden schläft? Auf den folgenden Seiten erklären wir Ihnen nicht nur, wie Sie ihren Beistand nutzen können, sondern geben Ihnen auch Tipps zur Selbsthilfe.

Grundriss des Hauses, wobei Süden oben liegt.

Auf den Grundriss der Wohnung gelegtes Transpapapier mit dem abgepausten Bagua.

Beim Bagua liegt Süden ebenfalls oben.

LINKS: **Legen Sie das abgepauste Bagua auf den Grundriss Ihrer Wohnung, so erkennen Sie die einzelnen Zonen.**

RECHTS: **Vertrauen Sie dem Instinkt Ihrer Katze. Hat sie einen Lieblingsplatz, sollten Sie herausfinden, um welche Zone es sich handelt, und sich Gedanken über diesen Bereich Ihres Lebens machen.**

Klassische Hilfsmittel

Im zweiten Teil des Buches haben wir über Feng-Shui-Lösungen für ungünstige bauliche Gegebenheiten gesprochen. Wenden wir uns jetzt den Hilfsmitteln zu, die Sie in den acht Zonen des Bagua anwenden können, um die entsprechenden Bereiche Ihres Lebens zu verbessern.

LINKS: Die Glück bringenden Zonen des Bagua lassen sich durch energiespendende Hilfsmittel verbessern:

1 Licht Direkte Lichtquellen wie Kerzen oder Lampen oder lichtreflektierende Gegenstände wie Spiegel und Kristalle.

2 Lebewesen Pflanzen und Heimtiere wie Hunde, Goldfische, Vögel – und natürlich Ihre Katze!

3 Klang Windspiele und Glocken.

4 Schwere Objekte Große Steine oder Ziergegenstände.

5 Bewegliche Objekte Mobiles oder flatternde Bänder.

6 Elektrogeräte Fernseher, Radio, Stereoanlage und andere elektrische Haushaltsgeräte.

7 Farbe Helle Farben haben eine belebende Wirkung auf das Chi, gedämpfte Töne beruhigen seinen Fluss.

8 Symbole Gegenstände, die in China als Glücksbringer gelten oder für Sie eine persönliche Bedeutung haben.

Eine Reihe von Hilfsmitteln fällt in mehr als eine Kategorie. So gehören Windspiele sowohl zum Bereich Klang als auch zur Bewegung. Goldfische sind sowohl lebende Wesen als auch Bewegung.

KATZEN ALS HILFSMITTEL

Auch Ihre Katze ist eine Art Hilfsmittel. Jedes Haustier bringt Yang-Energie ins Haus. Die Katze mit ihrer Sensibilität für Energieströme ist besonders gut ausgerüstet, um herauszufinden, wo sich etwas im Ungleichgewicht befindet. Sie werden vielleicht feststellen, dass sie sich gerne in den Zonen aufhält, die den Bereichen Familie, Wohlstand und Karriere zugeordnet sind, da sie in ihrer Glückszone liegen.

Wenn es Bereiche in Ihrem Leben gibt, denen etwas Stimulation nicht schaden würde, dann können Sie ja versuchen, die Katze in die entsprechende Zone zu locken. Das klappt allerdings nicht immer. Wollen Sie sie beispielsweise dazu bringen, sich in der Liebeszone aufzuhalten, wohingegen sie unbedingt in der Karriereecke bleiben will, dann kann das bedeuten, dass Sie zu viel Zeit auf Ihre romantischen Gefühle verwenden. Wenn sie von einer bestimmten Zone wirklich keinerlei Notiz nimmt, liegt das vielleicht daran, dass sie spürt, andernorts besser helfen zu können.

Falls Sie ihre Hilfe dringend benötigen, sie sich aber absolut nicht dazu bewegen lässt, können Sie auch auf den Trick der alten Chinesen zurückgreifen: War keine echte Katze zur Hand, hängten sie das Bild einer Katze in den Kornspeicher. Stellen Sie ein Bild Ihrer Katze in der fraglichen Zone auf: Es könnte genau die Menge an Energie erzeugen, die nötig ist, um Ihrem Schicksal die erwünschte Wendung zu geben.

GANZ LINKS: Unter Umständen können unterschiedliche Haustiere ein wirkungsvolles Hilfsmittel sein.

Wohlstand

Der Wohlstandszone wird das Element Holz zugeordnet, das auch zu Ihrer Katze gehört. Hoffentlich gelingt es Ihnen, sie dazu zu bringen, sich häufiger in diesem Bereich aufzuhalten – zu Ihrem beiderseitigen Vorteil!

OBEN: Fischen – besonders Goldfischen – wird nachgesagt, Geld anzuziehen. Falls Sie sich keine echten zulegen wollen, können Sie zu Bildern davon oder künstlichen greifen.

RECHTS: Da jede Art von Bewegung in der Wohlstandszone einem ins Stocken geratenen Finanzfluss neue Impulse geben kann, ist es eine gute Idee, ein Mobile aufzuhängen. Wählen Sie doch ein Fischmobile – das verdoppelt Ihre Chancen auf Wohlstand!

BEWEGUNG ERZEUGEN

Eines der traditionellsten chinesischen Hilfsmittel zur Mehrung des Wohlstands ist das Aquarium. Denken Sie nur an die Chinarestaurants: Fast jedes besitzt eines! Wenn Sie darauf achten, werden Sie feststellen, dass sich darin meist eine ungerade Anzahl Fische – häufig neun – befindet und dass es 8 Goldfische sind und ein schwarzer. Sowohl Goldfische als auch ungerade Zahlen (insbesondere die 9) gelten als günstige Energiespender für den Wohlstand. Der schwarze Fisch dient ganz nebenbei noch als Schutz gegen Einbrecher.

In Ihrem Fall ist ein Aquarium vielleicht nicht die richtige Lösung. Denn es gibt auf der ganzen Welt keine Katze, der beim Anblick eines Fisches nicht das Wasser im Maul zusammenläuft. Eine weniger riskante Alternative für alle Beteiligten ist es, die betreffende Zone mit einer hübschen Sammlung von unechten Fischen zu dekorieren.

Viele Feng-Shui-Berater sind übrigens strikt gegen ein Aquarium im Schlafzimmer, selbst wenn sich Ihre Wohlstandszone genau dort

befinden sollte und Ihre Katze sowieso nicht hinein darf. Ein Aquarium ist ein zu starkes Hilfsmittel und kann sich in einem Zimmer, das dem Ausruhen und Entspannen dient, negativ auf die Gesundheit auswirken.

BÄDER UND KÜCHEN

Sollte Ihre Wohlstandszone im Umfeld der Küche liegen, haben Sie Glück! Denn das gilt als gutes Omen, dass es Ihnen nie an Geld fehlen wird. Anders, wenn sie sich im Bad befindet. Das bedeutet, dass Ihnen das Geld ständig zwischen den Fingern zerrinnt, sofern Sie nichts dagegen tun. Lassen Sie tropfende Hähne und Leitungen sofort reparieren, halten Sie die Abflüsse zugestöpselt und klappen Sie den Deckel der Toilette immer zu!

Gegenstände, die sich bewegen, bringen auch Geldangelegenheiten in Bewegung. Es kann also nichts schaden, in dieser Zone ein Mobile aufzuhängen oder stellen Sie ein buntes Windrädchen in den Luftzug. Sobald Ihre Katze entdeckt, dass es sich dreht, wird sie stundenlang begeistert davor sitzen und muss nicht lange überredet werden, ihre Zeit in der Wohlstandszone zu verbringen.

OBEN: Fische scheinen auf Katzen von jeher faszinierend zu wirken. Was zieht sie dabei mehr an – die flinken Bewegungen, die von ihnen erzeugte Energie oder einfach die Aussicht auf eine schmackhafte Mahlzeit? Falls Sie ein echtes Aquarium besitzen, schützen Sie dessen Bewohner gut vor den neugierigen Pfoten Ihrer Katze!

Karriere

Die Karrierezone liegt in einer anderen von Ihrer Katze bevorzugten Himmelsrichtung – im Norden. Es bedarf keiner großen Überredungskunst, dass sie sich dort aufhält.

FLIESSENDES WASSER

Dem Norden ist als Element Wasser zugeordnet. Haben Sie den Eindruck, dass Ihre Karriere im Augenblick eher vor sich hin dümpelt, dann können Sie Bewegung hineinbringen, indem Sie in dieser Zone ein Wasserobjekt aufstellen. Zimmerbrunnen und andere Wasserspiele sind heutzutage nicht mehr schwer zu finden. Sie bilden einen schönen und ungewöhnlichen Blickfang. Ihre Katze wird fasziniert sein und viel Zeit davor verbringen. Achten Sie darauf, dass das Wasser stets sauber und frisch ist, denn es beeinflusst Ihre beruflichen Perspektiven! Sollte Ihre Katze davon trinken wollen, kann das ein Hinweis sein, dass Sie zu viel arbeiten. Die Katze versucht, etwas für Ihre Gesundheit zu tun, indem sie Ihre Karriere verlangsamt.

ALTERNATIVEN

Falls Ihnen ein Wasserobjekt im Zimmer nicht behagt, hängen Sie einfach in dieser Zone ein Bild auf, das einen Wasserfall oder eine Flusslandschaft zeigt!

Bewegung gilt als geeignetes Hilfsmittel, um einer Karriere, die nicht vorwärts zu kommen scheint, neuen Antrieb zu geben. Platzieren Sie in der Karrierezone ein Windspiel oder ein Mobile! Ist es zufällig blau, umso besser, denn Blau ist die Farbe, die mit dieser Zone assoziiert wird.

Selbst das Abbrennen von Räucherstäbchen kann helfen, denn der aufwärts kräuselnde Rauch steht ebenfalls für Bewegung. Achten Sie darauf, dass dieser Bereich Ihrer Wohnung sehr ordentlich ist, denn jegliche Unordnung kann ein Hindernis auf Ihrem Weg nach oben symbolisieren.

Falls Sie konkrete berufliche Probleme haben, die Sie lösen möchten, sollten Sie Ihre Fantasie benutzen und mit Symbolen experimentieren. Denken Sie über Ihre Ziele nach und versuchen Sie einen Gegenstand zu finden, der sie symbolisiert und den Sie in die Karrierezone stellen können. Wenn Sie beispielsweise häufiger auf Geschäftsreisen gehen wollen, könnten Sie einen Globus aufstellen. Jedesmal, wenn Sie einen Blick auf das von Ihnen gewählte Symbol werfen, kommen Sie Ihrem visualisierten Ziel ein Stück näher.

OBEN: Ein Bild von einem Fluss oder Wasserfall hat – in der Karrierezone – eine positive Wirkung.

GANZ LINKS: Haben Sie Ihr Büro zu Hause, dann kennen Sie sicher den beliebten Katzentrick, sich immer genau auf die Unterlagen zu setzen, mit denen Sie gerade arbeiten.

LINKS: Falls Sie Arbeit und Reisen miteinander verbinden wollen, sollten Sie einen Globus in Ihrer Karrierezone aufstellen.

Liebesleben

Wenn Sie Ihr Liebesleben verbessern wollen, sollten Sie sich auf die südwestliche Ecke des Raumes konzentrieren, in dem Sie besonders viel Zeit verbringen, wie Ihr Wohn- oder Arbeitszimmer. Im Schlafzimmer sollten Sie mit Hilfsmitteln sparsam umgehen, da sie Ihren Schlaf stören könnten. Bäder sind grundsätzlich ungünstig und Küchen zu unruhig.

OBEN: Kristalle konzentrieren das Element Erde auf die südwestlich gelegene Liebes- und Partnerschaftszone. Wählen Sie zwei Kristalle, die Sie dort hinlegen, am besten rote oder zumindest rosafarbene wie Rosenquarz, der bei uns auch als »Liebeskristall« bekannt ist.

DENKEN SIE PAARWEISE

Singles auf der Suche nach der Liebe ihres Lebens sollten bei der Auswahl der Hilfsmittel, die sie in ihrer Partnerschaftszone einsetzen, immer in Paaren denken. Häufig stellen Feng-Shui-Praktiker fest, dass Alleinstehende Bilder bevorzugen, auf denen eine einzelne Person zu sehen ist – die überdies oft traurig aussieht! Suchen Sie sich stattdessen für die südwestliche Ecke Ihres Zimmers Bilder von glücklichen Paaren. Falls Sie ein Katzenpaar besitzen, eignet sich auch ein Foto, auf dem die beiden miteinander glücklich sind. Die zwei wichtigsten Auswahlkriterien für gutes Feng Shui in dieser Zone sind immer »Paare« und »Glück«.

Auch ein Vogelpärchen, so genannte »Unzertrennliche«, kann in dieser Zone gute Dienste leisten – obwohl Vögel in einem Katzenhaushalt aus demselben Grund wie Fische problematisch sind.

KRISTALLE UND FARBEN

Im Südwesten regiert das Element Erde, deshalb sind Kristalle in dieser Zone besonders wirkungsvoll. Da Feuer Asche, also Erde, gebiert, eignen sich auch Kerzen – paarweise aufgestellt. (Lassen Sie Ihre Katze nie mit brennenden Kerzen allein im Zimmer!)

Nach chinesischer Tradition gelten Pfingstrosen und die Farbe Rot als Glücksbringer für die Liebe – daher trägt eine chinesische Braut meist Rot. Das Bild einer Pfingstrose, ein Tupfer rote Farbe oder roter Stoff wirken in dieser Zone positiv.

Haben Sie bereits einen Partner, aber das Gefühl, dass Ihre Beziehung nicht mehr so

prickelnd ist, sollten Sie in Ihrer Fotokiste kramen und in dieser Ecke Bilder aus besonders glücklichen gemeinsamen Tagen aufstellen. Auch Andenken an diese Zeit, in der Ihre Beziehung wirklich gut war, können dazu beitragen, starke Gefühle wieder zu beleben.

Übrigens sagen Feng-Shui-Praktiker, dass Sie, falls Ihre Katze sich allzu häufig in dieser Zone aufhält, eine wunderbare Beziehung zu der Katze haben – Ihren Partner dabei aber ausschließen! In diesem Fall wäre es sicher klug, ihr Haustier davon abzubringen.

OBEN: Für diese beiden Katzen ist es an der Zeit, sich mal wieder um die Energie in ihrer Liebeszone zu kümmern.

LINKS: Liebevolle Katzen sind gut für Ihre Liebeszone – Sie müssen sie nur dazu bringen, es sich dort bequem zu machen.

Hilfreiche Freunde

Der Begriff der »hilfreichen Freunde« ist ein uralter Bestandteil der Feng-Shui-Lehre und umfasst alle Menschen, die Ihnen zur Seite stehen und Ihnen helfen, das Beste aus sich zu machen, von der Putzfrau bis zum Chef (vorausgesetzt, er ist Ihnen wohlgesonnen).

GOLD UND SILBER

Das dieser Zone zugeordnete Element ist Metall. Zu den Metallfarben gehören Gold und Silber. Es gilt als besonders günstig, wenn Sie diesen Bereich mit Gegenständen aus Edelmetallen dekorieren. Windspiele sind hier sehr wirkungsvolle Hilfsmittel, vorausgesetzt sie bestehen aus Bambus oder Keramik.

Falls Sie das Gefühl haben, mehr hilfreiche Menschen in Ihrem Leben zu benötigen, können Sie die Zone mit Energie aufladen, indem Sie metallene oder metallfarben lackierte Tischlampen aufstellen und indem Sie Erd- und Metallhilfsmittel kombinieren. (Sie erinnern sich: Erde bringt Metall hervor). Eine Möglichkeit ist es, Pflanzen in metallene Übertöpfe zu setzen.

Stellen Sie Fotos von Menschen auf, die für Sie besonders hilfreich sind oder waren, am besten in Metallrahmen. Falls Sie Bilder besitzen, die für Sie die Art von Hilfe symbolisieren, die Sie in Zukunft gebrauchen können, dann sollten Sie sie ebenfalls aufstellen.

Befindet sich diese Zone ausgerechnet in Ihrem Badezimmer, dann hängen Sie ein großes Windspiel an die Decke, um negative Energien zu »vertreiben«. So werden hilfreiche Menschen nicht daran gehindert in Ihr Leben zu treten.

TUN SIE GUTES

Einige Feng-Shui-Praktiker sind der Ansicht, dass das Konzept der »hilfreichen Freunde« nur funktionieren kann, wenn beide Seiten aktiv werden. Da dieser Bereich viel mit Wohltätigkeit zu tun hat, raten sie dazu, anderen zu helfen – beispielsweise durch ehrenamtliche Arbeit –, um dafür wiederum selbst Hilfe zu erfahren.

Es ist fraglich, ob Ihre Katze Ihnen in dieser Zone besonders zur Seite stehen kann. Da sie ein Holz-Wesen ist, wird sie sich vermutlich in dem vom Metall dominierten Bereich nicht wohl fühlen und sich weigern, länger als unbedingt nötig dort zu verweilen.

OBEN: Kombinieren Sie die Elemente Metall und Erde, um die Zone der hilfreichen Freunde mit Energie zu erfüllen! Setzen Sie beispielsweise Ihre Pflanzen in Übertöpfe aus Metall.

LINKS: Im Grunde verkörpern Katzen das Prinzip der »hilfreichen Freunde«. Sie scheinen das Gesetz des Gebens und Nehmens zu begreifen und revanchieren sich bei Ihnen für Kost und Logis mit Freundschaft und liebevollem Körperkontakt.

GANZ LINKS: Möglicherweise fühlt sich Ihre Katze in der vom Metall-Element dominierten Zone nicht wohl. Dann sollten Sie sie auch nicht zum Bleiben zwingen.

Bildung

Die Bildungszone bezieht sich nicht nur auf all das, was man in Schule und Universität lernen kann, sondern umfasst die gesamte Aus- und Weiterbildung, von der Beherrschung eines Instruments bis hin zu Computerkenntnissen.

OBEN: Katzen genießen das durch elektrische Geräte erzeugte Chi, deshalb sitzen sie gern auf PC-Tastaturen.

RECHTS: Die angeborene Neugier Ihrer Katze wird sie dazu verleiten, auch Ihre Bildungszone näher zu untersuchen.

POSITIVE AUSWIRKUNGEN

Die Bildungszone befindet sich im nordöstlichen Bereich Ihrer Wohnung. Falls es Ihnen möglich ist, Ihr Arbeitszimmer oder Ihre Werkstatt dorthin zu verlegen, wird sich das positiv auf Ihr Weiterkommen auswirken. Wenn Ihre Wohnung nicht genug Platz für ein eigenes Arbeitszimmer bietet, sollten Sie zumindest Ihren Schreibtisch in die nordöstliche Ecke des Wohnzimmers stellen.

Es gilt als ungünstig, wenn Ihr Badezimmer in der Bildungszone liegt. Ist das der Fall, legen Sie am besten einen schweren Stein auf die Toilette, um das Chi zu stabilisieren. Sie verhindern so, dass die hart erarbeiteten Ergebnisse Ihres Lernens »weggespült« werden. Benutzen sie keine Holz-Hilfsmittel, da Holz die Erde entkräftet und Ihre Hoffnungen auf Erfolg damit zum Scheitern verurteilt sind.

UNTEN: Eine große Kristallkugel kann Ihnen in Prüfungszeiten einen zusätzlichen Energieschub geben.

EINE ELEKTRISIERENDE AUSSTRAHLUNG

Ist es nicht merkwürdig, dass Ihre Katze sich immer dann auf Ihren Schoß oder auf die Tastatur legt, wenn Sie gerade am Computer arbeiten? Das liegt an dem vom PC erzeugten Chi. Jedes Elektrogerät, das in dieser Zone aufgestellt wird, hat einen stimulierenden Effekt. Denken Sie aber daran, dass es sich um sehr starke Hilfsmittel handelt und Sie aufpassen müssen, die Zone damit nicht zu überladen.

Und noch eine Warnung: Hängen Sie auf keinen Fall einen Spiegel so, dass er diese Zone widerspiegelt. Sie müssen sonst doppelt so viel arbeiten, um weiterzukommen!

Kristalle gelten nach Feng-Shui-Auffassung als äußerst wirkungsvolle Hilfsmittel für erfolgreiches Lernen. Quarze und Bergkristalle sind besonders energiespendend. Infolge des stark gestiegenen Interesses für New-Age-Themen sind sie heutzutage in vielen Läden zu finden. Wählen Sie ein Exemplar aus, von dem Sie sich stark angezogen fühlen oder das Ihnen von einem guten Freund geschenkt wurde. Sorgen Sie dafür, dass Ihr Kristall in makellosem Zustand bleibt, indem Sie ihn regelmäßig reinigen – am besten waschen Sie ihn in Meer- oder Mineralwasser und trocknen ihn danach gründlich ab. Es gilt übrigens als Glück bringend, vor Prüfungen in die nordöstliche Ecke des Schlafzimmers eine Kristallkugel zu legen!

Waschen Sie Ihre Kristalle in Mineralwasser – oder noch besser in Meerwasser.

Erhalten Sie sich den strahlenden Glanz ihrer Kristallkugel, indem Sie sie regelmäßig mit einem weichen Lappen polieren.

Ruhm

In dieser Zone sollte man Vorsicht walten lassen. Ruhm wird mit dem Feuer-Element assoziiert, das einerseits eine Quelle für Inspiration und Leidenschaft ist, andererseits aber unberechenbar und gefährlich sein kann. Deshalb haben viele Stars Schwierigkeiten, mit ihrem neu gewonnenen Ruhm umzugehen.

UNTEN: Diese Katze sitzt ganz still vor einem roten, Glück bringenden Hintergrund, um das Feng Shui der Ruhm-Zone zu verstärken.

FEUER UND LICHT

Die Ruhm-Zone überschneidet sich mit Ihren Karriereambitionen. Falls Sie also das Gefühl haben, beruflich nicht vorwärts zu kommen, sollten Sie sich auch um diesen Bereich kümmern. Stellen Sie in die Ecke ein Bild, das eines Ihrer anvisierten Ziele symbolisiert.

Nicht jedes Haus verfügt über einen offenen Kamin. Falls Sie einen besitzen und er in südlicher Richtung liegt, bedeutet das sehr gutes Feng Shui für Sie.

Als ausgesprochen Glück fördernd können sich brennende Kerzen oder Öllampen, starkes (aber nicht zu grelles) Licht, Spiegel, die den Lichteinfall reflektieren, und die Farbe Rot erweisen. Probieren Sie jedes Hilfsmittel einzeln aus und beobachten Sie dessen Wirkung. Achten Sie darauf, nicht zu übertreiben. Zu schwaches Feuer kann bewirken, dass Sie sich lustlos fühlen, doch zu viel Feuer könnte am Ende Ihre Pläne zunichte machen. Im Übermaß kann es sogar zu Streitigkeiten unter den Hausbewohnern führen.

KÜNSTLERISCHE INSPIRATION

Weniger »feurige« Hilfsmittel sind Objekte, die durch künstlerische Inspiration geschaffen wurden oder als Quelle der Inspiration dienen können, wie eine Skulptur, das Gemälde eines alten Meisters oder CDs mit klassischer Musik. Und nicht zu vergessen: Ihre Katze. Sie ist ein Holz-Wesen und da Holz Feuer nährt, könnten Sie versuchen, ihr einen Schlafplatz in einem südlich gelegenen Eckchen schmackhaft zu machen. Falls sie sich sträubt, erfüllt ein aufgestelltes Foto von ihr denselben Zweck.

LINKS: Wenn Sie Ihre Chancen auf Berühmtheit erhöhen wollen, sollten Sie versuchen, Ihre Katze dazu zu bringen, in der Ruhm-Zone zu schlafen.

RECHTS: Kerzen, Räucherstäbchen und die Farbe Rot sind die Hilfsmittel, mit denen Sie Ihre Ruhm-Zone stärken können.

Eine rote Lampe bringt ein »warmes Glühen« in Ihre Ruhm-Zone.

Entzünden Sie eine Kerze – aber achten Sie darauf, dass Ihre Katze sich nicht daran verbrennt.

Räucherwerk stimuliert die Ruhm-Zone und erfüllt überdies Ihr Heim mit seinem Duft.

Familie

Vermutlich schläft Ihre Katze sehr gerne im Osten, in der Familien-Zone, weil sie, wie sie selbst, vom Holz-Element dominiert wird. Hier ist der geeignete Platz für Familienfotos, und zwar solche, auf denen alle miteinander glücklich sind. Auf diese Weise können Sie für Harmonie innerhalb der Familie sorgen. (Ist Ihre Katze mit auf den Bildern, stärkt das die Beziehung zwischen ihr und der übrigen Familie.)

ALLES, WAS WÄCHST

OBEN: Um harmonische Beziehungen innerhalb der Familie zu fördern, sollten Sie rundblättrige Pflanzen kaufen.

Eine andere Möglichkeit, positiv auf die Beziehungen innerhalb der Familie einzuwirken, ist das Aufstellen von Pflanzen oder das Aufhängen von Pflanzenbildern. Besonders günstig sind Pflanzen mit saftigen Blättern, da sie neben dem Holz- auch das Wasser-Element enthalten. Wichtig ist, dass alle diese Pflanzen rundblättrig sind – stellen Sie also keine Kakteen auf! Nach Feng-Shui-Vorstellungen haben Kakteen und andere stachelige Pflanzen nichts im Haus zu suchen. Werden sie in der Familien-Zone aufgestellt, können sie Streit und Missstimmung auslösen. Vermeiden Sie Pflanzen, die für Ihre Katze giftig sind. Pflanzen Sie ihr zuliebe doch etwas Katzenminze an!

RECHTS: Schnittblumen gelten als ungünstig. Diese Katze löst das Problem auf eine radikale Weise.

DAS FENG SHUI DER BLUMEN

Manche Feng-Shui-Praktiker halten nicht viel von Schnittblumen, weil sie, ihrer Wurzeln beraubt, bereits im Sterben begriffen sind. Schnittblumen vollständig aus der Wohnung zu verbannen ist andererseits ein drastischer Eingriff, zumal sie in der Vase die zusätzliche Kraft eines Wasser-Hilfsmittels haben. Entscheiden Sie sich für Schnittblumen, sorgen Sie stets für frisches, klares Wasser und werfen Sie einzelne Blumen weg, sobald sie zu welken beginnen.

Wenn Ihre Katze anfängt, an einer Pflanze oder einem Strauß zu knabbern, kann das einfach daran liegen, dass es ihr schmeckt. Falls Sie aber den Eindruck haben, dass sie Sträuße ganz bewusst zerstört, empfindet sie deren starke Energie als unangenehm.

Können Sie keine Schnittblumen im Haus haben – etwa weil Sie unter einer Allergie leiden –, nehmen Sie Seidenblumen. Verwenden Sie keine Plastikblumen, denn künstlich hergestellte Materialien verursachen schlechtes Feng Shui!

OBEN: Pflanzen, die im Wachstum begriffen sind, erzeugen eine Flut von Energie und passen gut in die vom Holz-Element dominierte Familien-Zone. Falls Sie keine Pflanzen im Haus haben, wird Ihre Katze sich draußen mit ihnen beschäftigen.

Kinder

Kinder sind ebenso wie Katzen eine Quelle für Yang-Energie, denn wo ein glückliches und gesundes Kind lebt, da ist Liebe, Lärm und Aktivität. Regen Sie sich also nicht auf, wenn aus dem Kinderzimmer wieder stundenlang laute Musik dröhnt – es ist alles so, wie es sein sollte! Falls Sie selbst keine Kinder haben, kommt der im Westen liegenden Kinder-Zone eher die Bedeutung eines Wunschtraums zu, den Sie mit sich herumtragen: ein bestimmtes Hobby, das Sie sich zulegen möchten, oder der Roman, den Sie immer schreiben wollten – also etwas, das Sie selbst erschaffen, Ihr geistiges »Baby«.

LINKS: Wie alle jungen Lebewesen – auch Kinder – stecken Kätzchen voller Yang-Energie. Ein Katzenkind im Haus verstärkt die positive Energie.

BUNTE FARBEN FÜR DIE WELT DER KINDER

In dieser Zone lassen sich Farben als kraftvolles Hilfsmittel einsetzen. Erhalten Sie die Energie Ihrer Kinder, indem Sie diesen Bereich – und das Kinderzimmer selbst – in fröhlichen Farben streichen. Vor allem warme Farben wirken Energie spendend. Die Kinder-Zone wird vom Metall-Element regiert, das meist durch einen Kreis symbolisiert wird. Deshalb sollte der Bereich möglichst viele geschwungene Linien enthalten – so fördern Sie auch das Gedeihen eines Lieblingsprojekts, das Sie schon lange mit sich herumtragen. Daneben eignen sich hier auch Erde-Hilfsmittel wie die schon erwähnten Pflanzen in metallenen Übertöpfen. Allerdings sollten Sie keinesfalls Pflanzen ins Kinderzimmer stellen, da sie den Schlaf des Kindes stören.

Ihre Katze hält sich als Holz-Wesen in dieser Zone ungern auf, es ist aber gut möglich, dass sie sich – sobald die Kinder nicht da sind – heimlich hineinschleicht, um den Fluss des Chi etwas zu dämpfen.

KREATIVES CHAOS

Wenn Sie Ihre Wohnung wunderbar aufgeräumt und alles getan haben, um gutes Feng Shui zu erzeugen, sollten Sie angesichts der chaotischen Zimmer Ihrer halbwüchsigen Kinder trotzdem nicht verzweifeln. Teenager sind junge Erwachsene und haben das Recht, innerhalb ihres eigenen Zimmers zu hausen, wie sie wollen. Um aber zu verhindern, dass die Unordnung sich auf das übrige Haus auswirkt, sollten Sie die Tür immer schließen und herausfinden in welcher Zone des Bagua das Kinderzimmer liegt. Falls es sich beispielsweise in Ihrer Karrierezone befindet und Sie sich Sorgen machen, dass die Unordnung Ihre Karriere negativ beeinflussen könnte, sollten Sie einfach ein Hilfsmittel in die Berufsecke Ihres Schlafzimmers stellen, das möglichen ungünstigen Einflüssen vorsichtshalber entgegenwirkt.

UNTEN: Ihr Kätzchen wird sein Energiemuster dem Ihres Kindes anpassen, damit die beiden Energieströme sich nicht in die Quere kommen.

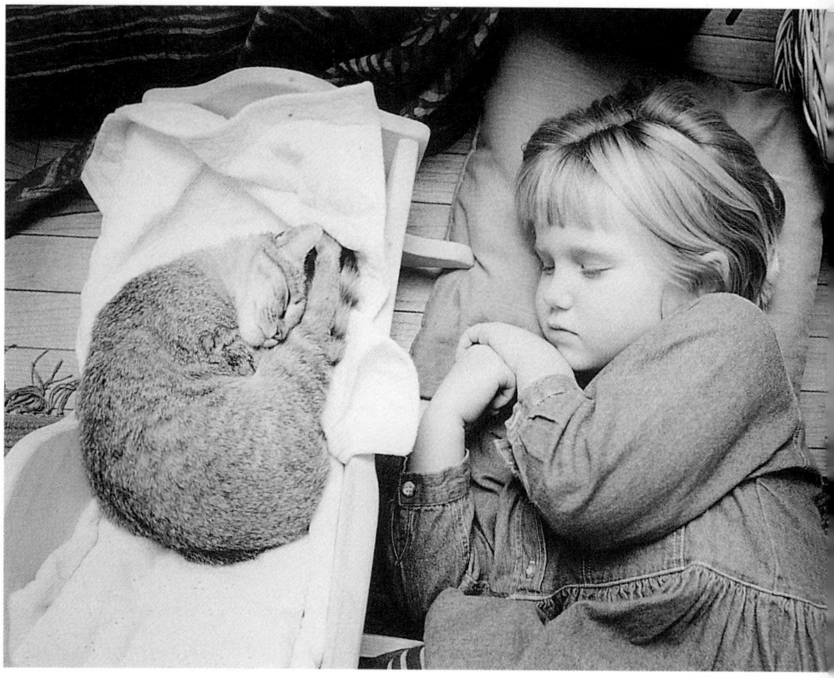

Fehlende Zonen

RECHTS: Sitzt Ihre Katze stundenlang am selben Platz in der Sonne, kann es sein, dass sie eine »fehlende Zone« in Ihrem Garten entdeckt hat, die sie mit ihrer Energie erfüllt.

Sollte der Grundriss Ihrer Wohnung unregelmäßig sein, werden Sie bemerken, dass Ihnen bestimmte Zonen »fehlen«, denn es gibt, wenn Sie das Bagua über den Grundriss legen, einen oder sogar mehrere Bereiche, die in Ihrem Heim einfach nicht zu existieren scheinen.

RECHTS: Fehlende Zonen können durch strategisch platzierte Spiegel oder Pflanzen korrigiert werden. Katzen halten sich gerne an solchen Stellen auf.

FEHLENDE ZONEN KOMPENSIEREN

Kein Grund zur Sorge: Selbst wenn die Wohlstandszone in Ihrem Haus fehlt, bedeutet das nicht, dass Sie Ihr Leben lang pleite sein werden, und wenn die Liebeszone nicht vorhanden ist, muss das nicht heißen, dass Sie Ihrer großen Liebe nie begegnen werden.

Zunächst ist es wichtig, den Eindruck zu vermitteln, als sei der fehlende Bereich in Wirklichkeit vorhanden. Das kann zum Beispiel durch Spiegel erreicht werden, die die Zone optisch vorgaukeln. Sie können aber auch von außen eine Lampe anbringen und sie auf die fehlende Zone des Hauses richten. Befindet sich die Zone im Garten, kann sich das daran zeigen, dass sich Ihre Katze gerne dort aufhält.

Nachfolgend stellen wir Ihnen die speziellen Korrekturmittel vor, die Sie anwenden können, um die jeweils fehlende Energiezone auszugleichen.

WOHLSTAND Hängen Sie an der fehlenden Ecke einen Kristall auf oder befestigen Sie Windspiele!

RUHM Wählen Sie Rot oder Orange als Farbe für die Möbel oder dekorativen Elemente, die an der »fehlenden Zone« stehen oder hängen Sie dort ein Bild mit einem »feurigen« Motiv auf!

FAMILIE Schmücken Sie den Bereich an den Seiten der fehlenden Zone mit Blumen und Pflanzen.

KARRIERE Stellen Sie einen Zimmerbrunnen an die entsprechende Wand und sorgen Sie für einige Tupfer Blau und Schwarz.

Beim Auflegen des Bagua auf den Grundriss Ihrer Wohnung werden Sie bemerkt haben, dass sich in der Mitte ein Kreis befindet (der häufig durch das Yin-Yang-Symbol dargestellt wird). Dies hat eine Bedeutung. Der Kreis legt die Stelle fest, an der das Herz Ihres Heims, das Zentrum von Yin und Yang, liegt, das im Idealfall im Ess- oder Wohnzimmer zu finden ist. Hier sollten Sie ganz besonders auf Sauberkeit und Ordnung achten. Das von hier ausgehende Chi wirkt sich auf den ganzen übrigen Wohnbereich aus, deshalb sollte dieser Platz von Aktivität, Fröhlichkeit und Geselligkeit geprägt sein.

Beginnen Sie zu experimentieren

Nachdem Sie jetzt mit den Grundlagen der Kompass-Schule des Feng Shui vertraut gemacht worden sind, können Sie beginnen, einige der Hilfsmittel selbst auszuprobieren. Denken Sie daran, dass es keine starren Regeln und Gesetze gibt – experimentieren Sie ruhig mit den verschiedenen Möglichkeiten und nutzen Sie Fantasie und Intuition, um herauszufinden, was für Sie praktikabel ist. Beweisen Sie Flexibilität und haben Sie etwas Geduld – alles braucht seine Zeit.

SIE UND IHRE KATZE

Nutzen Sie die Fähigkeiten Ihrer Katze, um für ein ausgeglichenes Chi zu sorgen. Dabei sollten Sie die Arme aber nicht als eine Art Chi-Katalysator betrachten, der ohne Ihr Zutun automatisch Frieden und Harmonie ins Haus bringt. Genau wie Sie selbst hat auch Ihre Katze ihre ganz eigenen Bedürfnisse, die Sie respektieren sollten. Wenn Sie ihr Körbchen ständig von einer Zone in die nächste verschieben, wird sie unruhig und unglücklich und kann Ihnen letztlich nicht von Nutzen sein. Ihre Katze verfügt über ganz besondere Instinkte und reagiert wesentlich sensibler auf Chi-Energie als Sie selbst. Wenn es sie immer wieder an einen bestimmten Platz zieht, kann das daran liegen, dass sie instinktiv spürt, was Sie brauchen – auch wenn sich das nicht unbedingt mit dem deckt, was Sie glauben zu benötigen.

Beobachten Sie die Reaktion Ihrer Katze auf die verschiedenen Hilfsmittel. Falls sie anfängt, an einer bestimmten Pflanze zu knabbern oder ein Windspiel herunterzuzerren, meint sie vielleicht, es seien die falschen bzw. zu starke Mittel. Suchen Sie eine Alternative, mit der sie besser leben kann.

WENIGER IST MEHR

Viele Feng-Shui-Anfänger machen den klassischen Fehler und versuchen die verschiedenen Zonen mit so vielen Hilfsmitteln wie möglich vollzustopfen. Das wirkt kontraproduktiv, denn im Feng Shui ist »mehr« nicht gleich »besser«. Im Gegenteil – ein Übermaß an Hilfsmitteln schafft unter Umständen mehr Probleme, als es löst. Schließlich haben Sie Ihr Heim doch nicht gerade mühsam von Ballast befreit, um es gleich wieder mit Spiegeln, Mobiles und anderem Krimskrams voll zu stopfen. All die miteinander konkurrierenden Energien würden Ihre Katze bald belasten. Sie zieht sich in eine etwas weniger aufgeladene Umgebung zurück, wo sie ihre Arbeit in Ruhe verrichten kann. Probieren Sie es erst mit einem Hilfsmittel und nehmen Sie sich die Zeit, seine Wirkung auf Ihr Leben und das Verhalten Ihrer Katze zu beobachten, ehe Sie weitere Veränderungen vornehmen.

LINKS: Obwohl Ihnen Ihre Katze unschätzbare Dienste als Feng-Shui-Helferin leisten kann, sollten Sie ihr gestatten, ihren Katzenfreuden nachzugehen.

UNTEN: Achten Sie darauf, Ihr Haus nicht mit Feng-Shui-Hilfsmitteln zu überladen. Im Feng Shui gilt, dass zu viel genauso schädlich sein kann wie zu wenig.

Der letzte Schliff

Eine alte Redensart sagt: Sei vorsichtig mit deinen Wünschen – sie könnten in Erfüllung gehen! Wenn man sich etwas von ganzem Herzen wünscht, kann es passieren, dass man über sein Ziel hinausschießt und in der betreffenden Zone Hilfsmittel einsetzt, die so stark sind, dass sie die gegenteilige Wirkung haben.

RECHTS: Ihre Katze hat einen sehr ausgeprägten Sinn für das Gleichgewicht von Energien. Wenn Hilfsmittel ersetzt werden müssen, können Sie das häufig an ihrem Verhalten ablesen.

UNTEN: So niedlich ein Kätzchen sein mag – es bringt enorm viel zusätzliche Yang-Energie ins Haus, sodass Sie unter Umständen einige Ihrer bisherigen Hilfsmittel abschwächen müssen.

STICHWORT AUSGEWOGENHEIT

Eine Bekannte von mir befolgte einen Rat von Lillian Too und dekorierte ihre Liebeszone mit dem Bild zweier Wildpferde. Ein äußerst starkes Mittel, um das Liebesleben anzukurbeln. Um die Wirkung noch zu verstärken, stellte sie zwei große rote Kerzen davor. Schon bald fand sie sich im Strudel einer stürmischen Liebesaffäre wieder, die zwar leidenschaftlich und aufregend war, doch zugleich äußerst problematisch und nervenaufreibend.

Die wilde Romanze ließ sich ebenso wenig bändigen wie die abgebildeten Pferde und fand schließlich ein dramatisches Ende. Daraufhin ersetzte meine Bekannte die großen Kerzen durch kleinere Teelichter und das Pferdebild durch das Foto eines zärtlichen, Händchen haltenden Paares. Heute lebt sie in einer ruhigen und stabilen Beziehung zu einem Mann, der sich als verlässlicher Freund erwies.

WANDEL ZUM GUTEN

Denken Sie daran, dass Sie die Hilfsmittel von Zeit zu Zeit, je nach veränderter Lebenslage, austauschen sollten. Es kann sein, dass Sie zum Beispiel ein junges Kätzchen ins Haus nehmen. Bei all diesem Zufluss an geballter Yang-Energie werden Sie Ihre bisherigen Hilfsmittel merklich reduzieren müssen, um das Chi im Haus in ruhigere Bahnen zu lenken.

Hilfsmittel können im Laufe der Zeit auch ihre Wirksamkeit verlieren. Manchmal habe ich den Eindruck, man kann es ihnen sogar ansehen, dass sie allmählich »verblassen« und dringend ausgetauscht werden sollten.

Experimentieren Sie also mit Lust, setzen Sie die Hilfsmittel wohl überlegt ein und beobachten Sie die Reaktion Ihrer Katze, um festzustellen, ob Sie das Richtige tun. Und denken Sie daran: »Ausgewogenheit« ist das Schlüsselwort bei Feng Shui.

4 Der Katzen

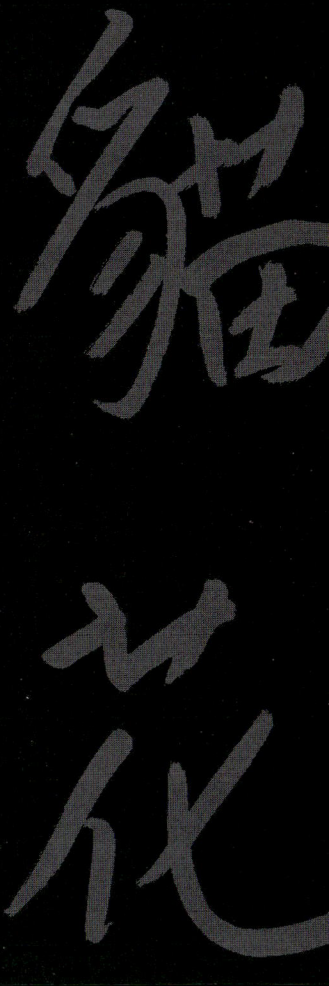

Die Formen-Schule

Die Formen-Schule ist die älteste Feng-Shui-Schule. Sie beschäftigt sich weniger mit den Auswirkungen der einzelnen Himmelsrichtungen auf Ihr Haus und Ihr Leben, vielmehr damit, welchen Einfluss das Chi der Landschaft und des Hauses auf die Bewohner ausübt. Insbesondere für den Gartenbereich ist die Formen-Schule von Bedeutung.

UNTEN: **Die Formen-Schule des Feng Shui lehrt, dass jedes Haus von vier Tieren beschützt wird: der Schildkröte, dem Drachen, dem Tiger und dem Phönix.**

Beim Feng Shui der Formen-Schule müssen Sie sich in einem ersten Schritt mit der Umgebung beschäftigen, in der Ihr Haus steht. Nach der Formen-Schule gilt ein nach Süden ausgerichtetes Haus als besonders günstig. Im Idealfall sollte es auf allen vier Seiten von Hügeln umgeben sein, die mit viererlei Tieren gleichgesetzt werden und die »vier himmlischen Tiere« genannt werden. Der höchste Hügel ist von der »Schildkröte« beherrscht und sollte sich an der Rückseite des Hauses befinden. Im Osten sollte sich der etwas niedrigere Hügel des »Drachen« und im Westen der noch etwas niedrigere Hügel des »Tigers« erheben. Vor der Frontseite des Hauses befindet sich der allerkleinste, sehr flache Hügel, der zum »Phönix« gehört. Diese Ideallandschaft wird durch einen Fluss vervollständigt, der vorne am Grundstück entlangfließt.

Feng-Shui-Praktiker vergleichen die Idealanordnung der Hügel mit einem Sessel, der das Haus an drei Seiten trägt, während der Phönix als Fußstütze dient. (Beachten Sie, dass sich die Schildkröte immer hinter dem Haus befindet. Der Drache befindet sich links von der Haustür, der Tiger rechts davon und der Phönix vorne.)

DIE MERKMALE DER HIMMLISCHEN TIERE

Die Schildkröte gilt als langsames, freundliches Tier, das die Bewohner des Hauses unterstützt. Der Drache ist, wie alle Drachen in der chinesischen Mythologie, sehr weise und bietet Schutz und Glück. Der Tiger ist stark, aber unberechenbar und muss daher mit großer Vorsicht behandelt werden. Er wird die Bewohner des Hauses mit Zähnen und Klauen beschützen, kann sich aber auch gegen sie wenden. Der Phönix ist ein optimistisches Wesen, das sogar den Tod überwindet. Er bringt Glück und Ruhm.

Falls Sie in einer Stadt wohnen oder in einer besonders flachen Gegend, lässt sich das Konzept der vier Hügel dennoch anwenden. Beziehen Sie die umliegenden Gebäude mit ein und benutzen Sie sie als symbolischen Ersatz für die Hügel. Das hinter Ihnen liegende Haus nimmt den Platz der Schildkröte ein, das zu Ihrer Linken den des Drachen und so fort. Falls Sie in einer abgelegenen Gegend wohnen, können Sie die Hügel durch andere landschaftliche Merkmale wie Bäume, Böschungen oder auch eine Scheune ersetzen.

RECHTS: **Ihre Katze ist eine kleine entfernte Verwandte des mächtigen Tigers.**

Die vier himmlischen Tiere

Gleichgültig ob Ihr Haus tatsächlich von vier Hügeln umgeben ist oder ob Sie landschaftliche Merkmale als Ersatz für die vier himmlischen Tiere ansehen – Sie werden feststellen, dass ihre Proportionen häufig nicht ganz den Idealvorstellungen entsprechen. Es gibt jedoch Möglichkeiten, diesen Nachteil auszugleichen. Sie können zum Beispiel Bäume oder Sträucher pflanzen, um das eine oder andere Tier darzustellen.

SCHILDKRÖTE

Sie können sich als Symbol für die Schildkröte der Formen-Schule eine lebendige Schildkröte im Garten halten. Schildkröten sind relativ genügsame Tiere, die sogar eine angeborene Rüstung am Leib tragen, in die sie sich zurückziehen, wenn Ihre Katze allzu neugierig wird. Die beiden würden also friedlich zusammenleben. Seit der Import von Schildkröten zu Recht verboten wurde, ist es allerdings schwierig und teuer geworden, sich ein Exemplar zu besorgen. Außerdem müsste die Schildkröte während der kalten Wintermonate nach drinnen gebracht werden oder in einer eigens angefertigten Kiste in einem Außengebäude überwintern. Wenn Sie sich nicht sicher sind, ob Sie die Verantwortung für ein zusätzliches Haustier übernehmen wollen, können Sie als Ersatz auch eine Bronze- oder Keramik-Schildkröte im Garten aufstellen.

TIGER

Der für seine große Stärke berüchtigte Tiger muss ständig im Auge behalten werden, sonst wird er für die Bewohner des Hauses zu mächtig und das kann sich negativ auswirken. Ist der Tiger zu klein, verläuft Ihr Leben langweilig und ereignislos. Am besten reguliert man die Größe des Tigers, indem man niedrige Sträucher auf seine Hausseite setzt. Pflanzt man zu hohe Bäume, ermöglicht das dem Tiger, den Drachen zu dominieren, und er wendet sich in seiner Aggression gegen die Bewohner des Hauses.

DER DRACHE

Durch das Anpflanzen von Bäumen auf der Seite des Drachen kann man ihm genau die gewünschte Größe geben. Bedenken Sie jedoch, wie hoch die Bäume später werden, und pflanzen Sie sie nicht zu nah ans Haus, sonst fällt durch die Fenster nicht genügend Licht und im Haus sammelt sich zuviel Yin-Energie.

DER PHÖNIX

Am einfachsten von allen vier himmlischen Tieren lässt sich der Phönix ersetzen. Um den Bereich vor dem Haus mit Energie zu erfüllen, können Sie einen kleinen Steingarten anlegen oder die Frontseite Ihres Grundstücks mit einer niedrigen Mauer einfassen. Sie können aber auch eine Böschung aufschütten und bepflanzen oder einen großen Findling in den Garten legen.

GANZ LINKS: **Ihre Katze spürt auch im Garten, wenn der Energiefluss aus dem Gleichgewicht gekommen ist.**

Der Katzengarten

RECHTS: Ihre Katze wird im Garten all die Bereiche aufsuchen, die sich nicht im Gleichklang befinden, Plätze, an denen es nötig ist, negative Energien aufzunehmen oder positive zu erzeugen.

Im Garten spielt Feng Shui eine ebenso wichtige Rolle wie im Haus. Tatsächlich fand man über 3000 Jahre alte Schriften, die sich mit dem Feng Shui von Gärten beschäftigen. Doch keine Sorge: Sie brauchen nicht lauter neue Regeln und Konzepte zu erlernen. Die gleichen Feng-Shui-Grundsätze, die innerhalb des Hauses gelten, lassen sich auch auf den Garten anwenden.

UNTEN: Wie im Haus, so sollten Sie auch im Garten das Verhalten Ihrer Katze beobachten. Ihre Körpersprache wird signalisieren, ob irgendwo die Energie im Ungleichgewicht ist.

Auch bei Feng Shui für den Garten geht es in erster Linie darum, ein ausgewogenes Gleichgewicht zwischen Yin und Yang herzustellen, das Chi zu erfrischen und dafür zu sorgen, dass es ungehindert fließen kann. So wie Ihre Katze innen im Haus eine nützliche Helferin ist, kann sie es auch im Garten sein. Auch dort kann sie auf Bereiche Ihres Lebens aufmerksam machen, die einer Stärkung bedürfen. Wie für das Haus gilt auch für den Garten, dass Sie ihn sauber und ordentlich halten sollten. Wege und Rasen müssen regelmäßig gerecht, welke oder abgestorbene Pflanzen entfernt werden. Aber übertreiben Sie es nicht! Ein nach Feng-Shui-Prinzipien angelegter Garten zeichnet sich nicht durch schnurgerade Wege, abgezirkelte Beete, zurechtgestutzte Bäume und Sträucher oder einen pedantisch gepflegten Rasen aus. Allen Pflanzen und Bäumen sollte es vergönnt sein, so natürlich wie möglich zu wachsen – oder zumindest diesen Eindruck zu erwecken.

ZEIT DER ENTSPANNUNG

Es gibt Leute, die mehr Zeit damit verbringen, in ihrem Garten zu arbeiten, als sich hinzusetzen und ihn zu bewundern. Das ist nicht die chinesische Art! Die Pflege eines Gartens, so befriedigend sie letztlich ist, bedeutet harte Arbeit. Sie sollten sich immer die Zeit nehmen, die Früchte Ihrer Arbeit zu genießen, ganz wie es Ihre Katze tut!

Ein Garten soll ein Ort der Freude und Entspannung für Sie und Ihre Katze sein. Setzen Sie sich hin, um mit Freunden zu plaudern, ein gutes Buch zu lesen oder im Freien zu essen. Und auch Ihrer Katze sollten Bereiche im Garten zur Verfügung stehen, wo sie lustvoll ihre Krallen an Bäumen schärfen, unter Büschen herumstreichen oder die Erde aufbuddeln kann, ohne Ihre ganze Arbeit wieder zunichte zu machen. Sie beide müssen die Möglichkeit haben, sich auszuruhen und neue Kräfte zu tanken.

Ein Garten für die Katze

Bei der Planung Ihres Gartens sollten Sie an die Bedürfnisse Ihrer Katze denken. Katzen lieben es, im Garten zu sein. Beobachten Sie nur einmal, wie Ihre Katze, wenn sie sich nicht ganz wohl fühlt, automatisch bestimmte Gräser frisst, die wie eine Medizin wirken.

Tierärzte bestätigen, dass Gras den Verdauungsorganen der Katze gut tut und die Katze mit dem Gras Vitamine aufnimmt, die sie sonst nicht bekommt. Wohnungskatzen sollte man deshalb Katzengras in einer Schale anpflanzen. Es ist wichtig, dass Sie Ihrer Katze ein kleines Fleckchen »eigenen« Rasen reservieren.

Natürlich liegen alle Katzen gern in der Sonne, am allerliebsten auf trockenen Terrassensteinen. Besonders alte Katzen mögen es, wenn der Stein in der Sonne Wärme speichert und an ihre schmerzenden Gelenke abgibt. Das erfüllt sie mit neuer Energie. Jede Katze mag den Platz am Gartenteich, beobachtet träge die Bewegung des Wassers oder räkelt sich in einem Steingarten.

KATZENGERECHTE GÄRTEN

Steingärten sind ein ganz typisches Element traditioneller chinesischer Gärten. Sie sollten ernsthaft darüber nachdenken, ob Sie nicht auch in Ihrem Garten einen anlegen wollen – was nicht nur Ihrer Katze, sondern auch Ihnen selbst zugute käme. Ein Steingarten vermittelt Stabilität und bildet ein Gegengewicht zur Bewegung des Wassers in einem Gartenteich oder Brunnen. Er soll außerdem verhindern, dass Gesundheit oder Wohlstand den Haushalt verlassen.

Falls Sie einen Teich anlegen, könnten Sie die ausgehobene Erde für einen solchen Steingarten verwenden, den Sie in einem mit dem Element Erde assoziierten Bereich ansiedeln müssen, also entweder im Nordosten oder Südwesten. Wählen Sie runde Steine und keine scharfkantigen oder bedrohlich wirkenden Felsbrocken. Traditionell wird ein Holzelement in Form eines kleinen Stückes Treibholz oder eines alten, interessant geformten Astes eingefügt. Ihrer Katze als Holz-Wesen gefällt das sicher auch.

Ein Kräutergarten kann Ihnen beiden ebenfalls nur Vorteile bringen. Pflanzen Sie duftende Kräuter an, das wirkt sich positiv auf das im Garten zirkulierende Chi aus. Und denken Sie auch an Ihre Katze: Katzenminze oder Baldrian versetzen sie in einen fast tranceartigen Glückszustand und verbessern das Chi. Legen Sie den Kräutergarten überdies als achteckiges Beet an, sorgen Sie für ein ausgesprochen günstiges Feng Shui.

OBEN: Ein Steingarten mit sonnenwarmen Steinen ist ein idealer Platz für einen kurzen Schlaf.

GANZ LINKS: Sehen Sie im Steingarten für Ihre Katze ein paar Graspolster vor und pflanzen Sie wenn möglich auch etwas Katzenminze *(Nepata cataria)*.

UNTEN: Ein Feng-Shui-Meister ruht sich von der Arbeit aus.

Die Aufteilung

Ein nach Feng-Shui-Regeln angelegter Garten sieht am Ende nicht notwendigerweise aus wie das chinesische Dekor auf gewissen Teeservices. Man kann auch einen westlichen Garten nach Feng-Shui-Gesichtspunkten anlegen – was nicht heißen soll, dass es sich nicht lohnen würde, den anmutigen Minimalismus eines klassischen chinesischen Gartens nachzugestalten.

GANZ RECHTS: Ein Garten, der Ruhe und Harmonie verströmt, wirkt sich auch beruhigend auf Ihre Katze aus. Allzuviel Pflanzenenergie könnte dagegen ihren Jagdtrieb anregen.

RECHTS: Ein Feng-Shui-Garten setzt sich aus verschiedenen Einzelelementen zusammen. Ziel ist es, die Chi-Energie auf geschwungenen Linien durch den Garten zu leiten.

Im Moment wollen wir uns jedoch auf die elementarsten Feng-Shui-Grundsätze beschränken: Man darf nie den gesamten Garten mit einem einzigen Blick erfassen. Wenn der Fluss des Chi nicht durch Hindernisse verlangsamt wird, strömt es viel zu rasch wieder aus dem Garten hinaus. Es soll die Möglichkeit haben, an gewundenen Pfaden entlang und um verborgene Gartenlauben herumzufließen, sich an Wasserspielen zu erfrischen und an Steingärten zu stabilisieren.

Lassen Sie sich aber nicht dazu verleiten, jeden Fleck in Ihrem Garten mit Pflanzen, Bäumen, Sträuchern, Büschen vollzupflanzen und überall Sitzbänke aufzustellen. Das hat den gleichen Effekt wie eine zu voll gestellte Wohnung. Viele Praktiker beschreiben den idealen Feng-Shui-Garten als eine Komposition, aus der man kein Einzelelement entfernen kann, ohne dadurch den Gesamteindruck zu zerstören.

ZIRKULIERENDES CHI

Auch Ihren Garten sollten Sie mit wachen Augen betrachten und Ihre Intuition nutzen, um sich vorzustellen, wie das Chi im Garten zirkuliert und ob es Hindernisse auf seinem Weg gibt. Nutzen Sie gewundene Pfade, Blumenbeete, Spaliere und Pergolen, um seinen Fluss zu lenken und regulieren Sie sein Tempo durch unterschiedlich hohe Bäume, Büsche oder Terrassierungen. Dabei muss im Garten ein perfektes Gleichgewicht zwischen Wasser und Steinen, Bewegung und Ruhe, Licht und Schatten herrschen. Feng-Shui-Praktiker raten dazu, Gestaltungsmerkmale in den Garten zu integrieren, die die fünf Elemente symbolisieren – Wasser, Metall, Holz, Feuer und Erde. Auf Seite 21 können Sie nachlesen, welche Eigenschaften ihnen zugeschrieben werden. Holz und Erde sind im Garten naturgemäß vorhanden, für das Wasser können Sie einen Teich oder einen Brunnen anlegen, das Metall lässt sich durch eine Statue oder eine Sonnenuhr integrieren und Feuer kann durch einen Grill oder durch rote Blumen symbolisiert werden. Versuchen Sie auch die zwei wichtigsten Formen des Feng Shui in Ihren Garten mit einzubeziehen – Kreis und Achteck, vielleicht als Teich oder Blumenbeet. Und wenn Sie vorhaben, einen wirklich klassischen chinesischen Garten anzulegen, wählen Sie Blumen in verschiedenen Weißtönen, wobei einzelne andersfarbige, oft rote Blumen für Akzente sorgen können.

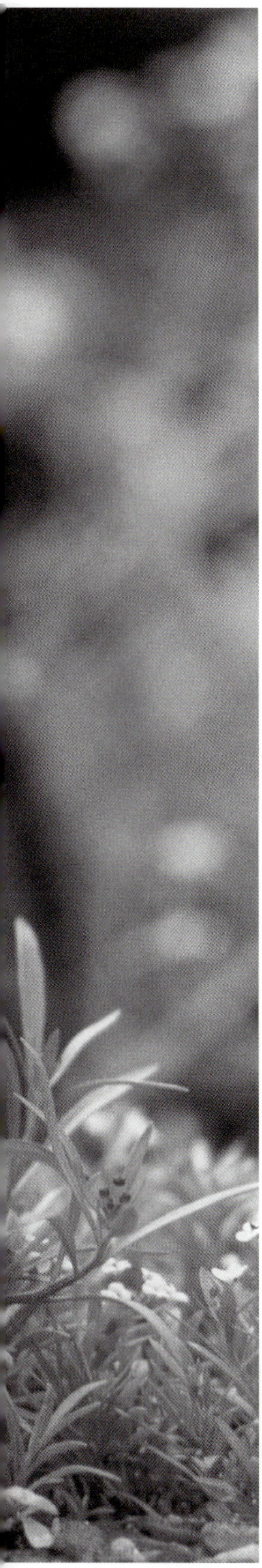

Traditionelle Hilfsmittel

So wie Sie das Bagua innen und außen auf die gleiche Weise anwenden, können Sie auch die üblichen Feng-Shui-Hilfsmittel – wie Licht, Klang, Bewegung oder Farbe – in Garten und Haus nutzen. Das Sprudeln eines Springbrunnens, der das Chi erfrischt, wirkt zum Beispiel gleichzeitig als Wasser-Element und als »Bewegungs«-Hilfsmittel.

GANZ LINKS: Im Haus wie auch im Garten sorgt die wohltuende Anwesenheit Ihrer Katze für eine Verbesserung der Energie in allen Zonen.

Sie wissen bereits, dass es bestimmte Hilfsmittel gibt, die sich in den acht Zonen des Hauses anwenden lassen und die den einzelnen Lebensbereichen zugeordnet sind. Dasselbe gilt für den Garten.

WOHLSTAND Da der Zone das Holz-Element zugeordnet wird, eignet sich dieser Bereich gut für einen Teich oder einen Brunnen. Selbst wenn Sie mit Rücksicht auf Ihre Katze im Haus kein Aquarium aufstellen wollen, können die Fische im Gartenteich relativ ungefährdet leben – vorausgesetzt Sie treffen ein paar Sicherheitsvorkehrungen. (Siehe S. 134)

KARRIERE Diese Zone profitiert ebenfalls von einem zusätzlichen Wasser-Element. Es muss nicht unbedingt ein Teich sein, ein Wasserhahn oder Sprinkler tut es auch. Achten Sie aber darauf, diesen Teil des Gartens besonders ordentlich zu halten, sonst könnten Sie auf berufliche Hindernisse treffen.

PARTNERSCHAFT In dieser Zone könnten Sie eine gemütliche Bank oder Gartenlaube aufstellen. Schaffen Sie sich einen Ort, an dem Sie und Ihr Partner gemeinsam entspannen und sich an der Gesellschaft des anderen – und Ihrer Katze – erfreuen können! Die Steinstatue eines liebenden Paares oder eines Vogelpärchens trägt dazu bei, die Stabilität der Partnerschaft zu festigen.

HILFREICHE FREUNDE Schön, wenn man in dieser Zone einen Anziehungspunkt für Vögel, als die »hilfreichen Freunde« der Gärtner schaffen kann. Doch lesen Sie vorher bitte die Seite 134! Auch ein großer Findling oder ein Steingarten wirken sich positiv aus.

BILDUNG Diese Zone eignet sich als Standort für Gartentische und Stühle, besonders wenn Sie häufiger im Freien arbeiten wollen.

RUHM Achten Sie darauf, die Bäume und Büsche in dieser Zone regelmäßig zu schneiden, damit sie Ihre Bemühungen nicht überschatten und sorgen Sie für eine gute Beleuchtung, damit Sie im richtigen Licht stehen.

FAMILIE Diese Zone wird vom Holz dominiert und eignet sich ausgezeichnet für Gartenmöbel aus Holz – insbesondere für Tische und Stühle, an denen die ganze Familie Platz findet.

KINDER Da diesem Bereich das Element Metall zugeordnet wird, bietet es sich hier an, Spielgeräte wie Schaukel, Rutsche und Klettergerüst aufzustellen.

Vergessen Sie nicht, dass jedem Element des Bagua auch eine Farbe zugeordnet ist (siehe S. 80/81). Sie können Blumen in den entsprechenden Farbtönen einsetzen, um die einzelnen Zonen mit Energie aufzuladen.

OBEN: Die Partnerschaftszone profitiert von Steinbänken und einer Gartenlaube. Kaum sitzen Sie hier – wird sich Ihnen Ihre Katze anschließen.

Das Bagua

Bei der Planung eines Feng-Shui-Gartens wenden Sie das Bagua auf die gleiche Weise an wie im Haus. Legen Sie die Schablone auf einen Grundriss Ihres Gartens, um die Lage der einzelnen Zonen zu ermitteln. Achten Sie auch auf etwaige Problemquellen wie fehlende Zonen oder Giftpfeile, die innerhalb oder außerhalb Ihres Grundstücks liegen können. (Wenn Ihr Garten teils vor, teils hinter dem Haus liegt, wenden Sie das Bagua für jeden Teil des Grundstücks einzeln an.)

RECHTS: Schon ein kleines Kätzchen hat Feng-Shui-Gespür. Falls Sie es an einem dunkel und ungemütlich wirkenden Platz finden, geht von ihm negative Energie aus.

RECHTS: Nutzen Sie das Bagua bei der Planung Ihres Gartens. Legen Sie es auf einen Grundriss Ihres Gartens, um herauszufinden, wo sich die Zonen befinden, die für die einzelnen Bereiche Ihres Lebens stehen.

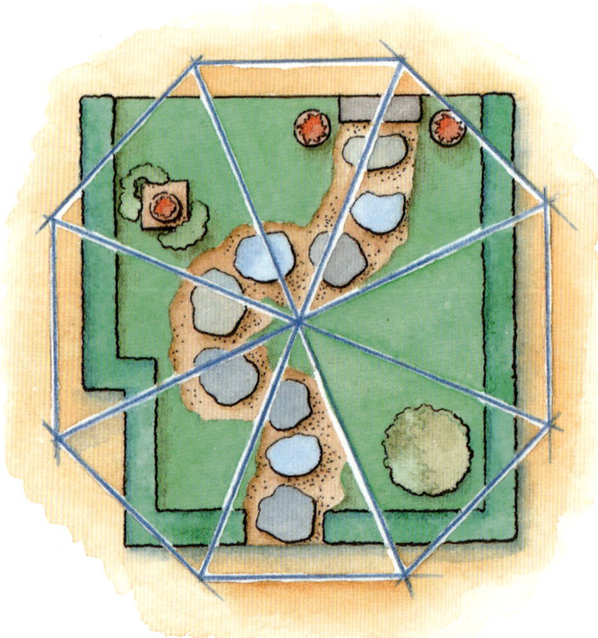

Falls Sie merkwürdige Ecken oder sehr spitz zulaufende Kanten entdecken, die im Garten Giftpfeile bilden, entschärfen Sie diese, indem Sie Kletterrosen oder andere Rankgewächse darüber wachsen lassen. Krankenhäuser, Friedhöfe oder auch ein Hochspannungsmast in unmittelbarer Nachbarschaft gelten als schlechtes Feng Shui und können durch Anpflanzung hoher Bäume oder immergrüner Hecken unsichtbar gemacht werden. Zugleich dienen sie als Barriere zwischen Ihnen und der Quelle negativer Energie. Haben Sie keine der oben genannten Möglichkeiten, können Sie den Zaun oder die Mauer zwischen Ihrem Haus und dem negativen Bauwerk durch Spaliere erhöhen und diese von Kletterpflanzen einwachsen lassen. Achten Sie aber darauf, dass Bäume und Sträucher den Garten oder das Haus nicht dominieren beziehungsweise überschatten. Wenn es in Ihrem Garten eine »fehlende Zone« gibt, stellen Sie sie optisch wieder her, indem Sie einen Spiegel davorstellen.

BEOBACHTEN SIE IHRE KATZE

Verfolgen Sie die Wege Ihrer Katze und stellen Sie fest, wo sie sich am liebsten aufhält. Normalerweise wird sie ein sonniges Plätzchen bevorzugen; wenn sie jedoch häufig eine schattige oder feuchte Stelle aufsucht, hat sie vielleicht einen Bereich Ihres Lebens ausgemacht, der mit Hilfe eines speziellen Feng-Shui-Hilfsmittels gestärkt werden sollte.

Bäume

Ein Garten ohne Bäume ist kein Garten, und es wäre schon sehr ungewöhnlich, wenn Ihre Katze nicht gerne auf Bäume klettert! Sie sind hervorragende Aussichtspunkte. Von dort kann Ihre Katze ihr Territorium überwachen. Ich erinnere mich noch gut daran, wie meine damals kleine Katze, nachdem sie alle Impfungen hinter sich gebracht hatte, zum ersten Mal in die große weite Welt zog und Kletterunterricht vom roten Nachbarskater erhielt. Sie hockte unter dem Baum und miaute kläglich, während er ein paar Mal den Stamm hinauf und hinunter kletterte. Seit sie selbst klettern kann, gehören Bäume – oder das Gewächshaus des Nachbarn – zu ihren liebsten Zufluchtsorten.

Außerdem lieben Katzen Bäume, weil sie sich daran die Krallen wetzen können. Ausgewachsenen Exemplaren schadet das nicht, junge Bäume sollten mit Maschendraht geschützt werden.

Als Holz-Geschöpfe fühlen sich Katzen instinktiv zu Bäumen hingezogen, die im Feng Shui als sehr wirkungsvolle Hilfsmittel gelten. Lassen Sie die Bäume wachsen und verändern Sie ihr Aussehen nicht durch übertriebenes Beschneiden. Fast jede Art von Baum kann zu gesundem Chi beitragen. Obstbäume bringen duftende Blüten hervor und Nadelbäume symbolisieren langes Leben. Man muss jedoch darauf achten, letztere nicht zu dicht wachsen zu lassen, da sich das negativ auf das Chi auswirken kann.

TRAUERWEIDEN

Über die Rolle der Trauerweide ist man sich im Feng Shui nicht einig. Einige Praktiker sind der Ansicht, dass die geballte Wirkung aus negativ besetztem Namen und der Tatsache, dass die Äste zu Boden hängen, für schlechtes Feng Shui sorgen. Andere glauben, dass ihre Schönheit und die Bewegung der Zweige, die das Chi hervorragend leiten, sie zu einem guten Feng-Shui-Baum machen. In diesem Punkt müssen Sie sich Ihre eigene Meinung bilden.

Lassen Sie alte Bäume niemals fällen, solange sie nicht krank oder tot sind. Sie strahlen besonders starkes Chi aus. Feng-Shui-Experten glauben, dass sie wie Akupunkturnadeln wirken und die Erde von angestautem Druck befreien. Diese Bäume stehen schon länger an ihrem Platz verwurzelt, als Sie in Ihrem Haus leben – Sie sollten ihr Alter und den Platz, den sie einnehmen, respektieren und sie in Frieden lassen. Die Autorin Sarah Shurety schlägt vor, Bäume, die Sie nicht mehr sehen wollen, mit Kletterpflanzen oder Lichterketten zu verschönern.

OBEN: Holz, das der Katze zugeordnete Element, lockt jede Katze in den Garten.

GANZ LINKS: Katzen fühlen sich in Bäumen ganz zu Hause. Sie schätzen sie als Aussichtspunkt.

UNTEN: Bäume sollten wegen ihres Alters und ihres starken Chi mit Respekt behandelt werden.

Pflanzen

In der Feng-Shui-Philosophie hat jede Pflanze ihre ganz eigene Symbolik und dementsprechend einen Platz im Garten, an dem sie besonders günstig wirken kann. Philippa Waring und Lillian Too haben ausgezeichnete Bücher zum Thema Feng Shui und Garten geschrieben (siehe S. 157).

GANZ RECHTS: Der Natur möglichst ihren Lauf zu lassen ist gute Feng-Shui-Praxis. Allerdings gleicht die Pflanzenwelt Chinas nicht der der übrigen Welt. Sie sollten sich in Ihrem Garten für einheimische Pflanzen entscheiden, die auf jeden Fall gedeihen und ihre Energie entfalten können, statt exotische Pflanzen zu importieren, die ums Überleben kämpfen müssen.

Bevor Sie entscheiden, welche Pflanzen Sie in Ihren Garten setzen, sollten Sie seine natürlichen Wachstumsgegebenheiten bedenken und dann die entsprechenden Pflanzen auswählen. Ist der Boden trocken oder eher feucht? Sauer oder alkalisch? Denken Sie daran, dass gutes Feng Shui im Garten bedeutet, ihn so natürlich wie möglich zu belassen und dass ein Garten mit kränkelnden, ums Überleben kämpfenden Pflanzen keinesfalls gesundes Chi erzeugt – abgesehen davon, dass es unendlich viel Mühe kostet, ungeeignete Pflanzen am Leben zu erhalten.

GÜNSTIGE PFLANZEN

Pfingstrosen – rote vor allem – sollen Frauen Glück in der Liebe bringen. Da sie zu bestimmten Zeiten schwer zu bekommen sind, schlägt Lillian Too Hibiskus oder Begonien als Ersatz vor. Chrysanthemen stehen für ein langes Leben, weshalb sie in der Familienzone platziert werden sollten. Fuchsien sind ebenfalls Glücksbringer und sollten, da sie dem Feuer-Element zugerechnet werden, zur maximalen Wirkung im Süden angepflanzt werden.

Falls Ihre Katze eine Pflanze immer wieder ausgräbt, kann das darauf hindeuten, dass Sie eine bestimmte Zone mit einem Hilfsmittel überladen, das entweder zu stark oder ungeeignet ist. Versetzen Sie die Pflanze oder entfernen Sie sie gänzlich.

In einem früheren Kapitel haben wir bereits erfahren, dass es im Feng Shui als äußerst ungünstig gilt, stachelige Pflanzen wie Kakteen im Haus zu haben. Im Garten können Sie sie – in Maßen – anpflanzen, zumal ihre Stacheln dort böse Geister vertreiben sollen. Ein besonders günstiger Standort ist zu beiden Seiten der Hausfront.

Hier zeigt sich einmal mehr der gesunde Menschenverstand im Feng Shui: Obwohl Dornen als negativ gelten, ist es zulässig, z. B. Kletterrosen an Mauern und Zäunen hochranken zu lassen, wo ihre herrlichen duftenden Blüten nicht nur hässliches Mauerwerk verbergen, sondern durch ihre spitzen Dornen auch mögliche Eindringlinge abwehren können! Sollten Ihre Nachbarn keine Katzenfreunde sein, halten die Dornen einer rosenüberwucherten Mauer oder einer Weißdornhecke Ihre Katze vom Streunen in unerlaubten Gefilden ab.

RECHTS: Stachelige Pflanzen, die im Haus als ungünstig gelten, können im Vorgarten gute Dienste leisten, wo ihr aggressives Äußeres ungebetene Besucher abschreckt.

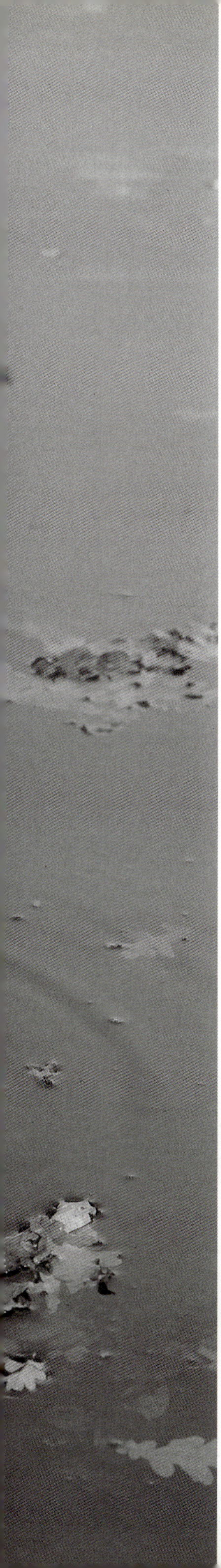

Wasser

Sie haben bereits erfahren, dass Wasser im Feng Shui ein sehr mächtiges Hilfsmittel ist. Ihr Garten ist der perfekte Platz, um dieses Element einzusetzen. Abgesehen davon, dass es bestimmte Bereiche Ihres Lebens stärkt, gibt es kaum etwas Beruhigenderes, als sich neben einen Gartenteich oder Springbrunnen zu setzen, dem leisen Plätschern des Wassers zu lauschen und sich zu entspannen. Es ist der ideale Platz, um mit Ihrer Katze im Schoß auszuruhen und wieder Kraft zu tanken, während das Wasser Ihren Lebensbereichen Karriere, Wohlstand oder Familie neue Energien zuführt. Außerdem wird ein Teich sehr bald »hilfreiche Freunde« in Gestalt von Vögeln und Fröschen anziehen, was sich wiederum positiv in Ihrem Leben widerspiegeln wird.

GANZ LINKS: Ganz egal welcher Art das Wasser-Element in Ihrem Garten sein mag – Ihre Katze wird es faszinierend finden. Falls Ihr Garten – oder Ihr Budget – keinen großen Teich zulässt, sorgen auch eine Regentonne oder ein altes Steinbecken für harmonische Wasserenergie.

RECHTS: Wählen Sie für Ihren Teich eine runde Form. Das wird Tiere wie Vögel oder Frösche anlocken.

SPRINGBRUNNEN UND GARTENTEICH

Als Wasser-Element bietet sich ein Teich natürlich besonders an. Eine kreisrunde Form wirkt sich positiver aus als ein nierenförmiges oder unregelmäßig geformtes Becken. Achten Sie darauf, dass der Teich im Verhältnis zum Garten nicht zu groß ausfällt, da das Chi sich sonst darin verliert und er so mehr schadet als nützt. Sorgen Sie außerdem dafür, dass das Wasser nicht durch Laub, Grasschnitt oder Gartenabfälle brackig oder faulig wird, sonst bildet sich negatives Chi.

Wasser, das sich bewegt, ist günstiger als stehendes. Deshalb können Sie sich überlegen, ob Sie nicht einen Springbrunnen einsetzen. Er braucht nicht großartig zu sein – schon ein kleiner Springbrunnen bringt die heilsame Wirkung von Wasser, Bewegung, Klang und Lichtreflexen in Ihren Garten und ist zugleich ein Quell der Freude für Sie und Ihre Katze. Um die Wirkung des Lichts zu steigern, können Sie überall dort, wo sie das glitzernde Wasser reflektieren, Kristalle anbringen. Aber bedenken Sie, dass es sich bei Wasser um ein sehr starkes Element handelt – übertreiben Sie nichts!

Sollten Sie aus bestimmten Gründen weder Teich noch Brunnen im Garten haben wollen, genügt auch ein einfacher Wasserhahn, ein Schlauch oder eine Regentonne in der Wasser- oder Holzzone. Die Regentonne sollten Sie allerdings unbedingt abdecken, damit neugierige Katzen und Kinder nicht hineinfallen können.

Gartenteich

Als Katzenbesitzer ist Ihnen bereits klar, welche Nachteile es haben kann, innerhalb der Wohnung Fische als Hilfsmittel einzusetzen. Es ist wirklich praktischer, sie draußen im Garten zu halten, wo Sie sie besser vor Ihrer Katze schützen können. Denken Sie daran, Ihren Teich immer mit einer ungeraden Anzahl von Fischen zu bestücken – neun Stück, wenn der Teich groß genug ist –, und einer davon sollte schwarz sein.

OBEN RECHTS: Legen Sie Ihren Teich so an, dass das seichtere Ende im Süden liegt. Der Schatten Ihrer Katze fällt im Vorbeigehen aufs Wasser, sodass Fische rechtzeitig in den tieferen Teil flüchten können.

GANZ RECHTS: Katze im Jagdfieber – aus der Fischperspektive. Wasser wirkt wie ein Vergrößerungsglas.

UNTEN: Eine ungerade Anzahl von Fischen gilt als günstig.

Damit die Fische vor Ihrer Katze sicher sind, können Sie sich an einem Ratschlag der Zoologin und Naturschützerin Cris Madsen orientieren, die in einem Buch über Katzen vorschlägt, das seichtere Ende des Teichs im Süden anzulegen. Auf diese Weise zeichnet sich der Schatten Ihrer Katze – oder jedes anderen Räubers – unweigerlich auf der Wasseroberfläche ab, sodass Fische und andere vom Wasser angelockte Tiere, wie Frösche, sich rechtzeitig ins tiefere Wasser flüchten können.

Sie können auch ein Netz über den Teich spannen. Dadurch hindern Sie nicht nur Ihre Katze und andere Jäger, wie z. B. Fischreiher, daran sich an den Fischen gütlich zu tun, sondern können auch Blätter oder Äste einfacher aus dem Teich entfernen. Wenn nämlich organische Abfälle im Teich verrotten, wird das Wasser faulig und vergiftet die Fische, was wiederum sehr schlechtes Chi erzeugt.

SICHERHEIT

Stellen Sie bei Gartenteichen und Regentonnen sicher, dass Sie alle möglichen Sicherheitsvorkehrungen getroffen haben, damit weder Ihrer Katze noch Kindern etwas passieren kann. Vergessen Sie nicht, dass Kinder schon in ein paar Zentimetern Wasser ertrinken können und dass Katzen sich zwar sehr für Wasser interessieren, dabei aber miserable Schwimmer sind!

Beim Anlegen Ihres Teichs sollten Sie darauf achten, dass er ein seichtes Ende hat oder ringsum sanft abfällt, sodass Ihre Katze – sollte sie während der Libellenjagd versehentlich hineinfallen – zwar nass wird, sich aber trotzdem retten kann.

Frei lebende Tiere

Wenn sich frei lebende Tiere gern in Ihrem Garten einfinden, gilt das als sehr gutes Feng Shui. Sie wirbeln Chi auf und dienen gleichzeitig als Hilfsmittel: Vogelgezwitscher bringt Klang in den Garten, während die bunten Schmetterlinge für Farbe sorgen. Und sogar die bei uns im Westen allgemein als Plage empfundenen Mäuse haben einen guten Feng-Shui-Einfluss; sie symbolisieren Wohlstand, weil sie ständig eine Menge von Vorräten horten.

Wollen Sie allerdings, dass sich auch frei lebende Tiere im Garten Ihrer Katze wohl fühlen, müssen Sie zwangsläufig Vorkehrungen für deren Sicherheit treffen. Ihre Katze ist nun einmal ein Jäger und es gibt keine Möglichkeit, sie daran zu hindern, ihrem Instinkt zu folgen. Sicher haben Sie selbst schon erlebt, wie stolz sie ist, wenn sie Ihnen ihre Beute ins Haus bringt und als Trophäe vor die Füße legt – und wie beleidigt sie reagiert, wenn Sie keine angemessene Bewunderung zeigen. So wurde eine meiner Bekannten morgens um sechs von ihren beiden Katzen geweckt, die aufgeregt maunzend in ihrem Schlafzimmer herumsprangen, während die noch lebende Taube, die eine von ihnen gerade ins Haus geschleppt hatte, in Todesangst gegen die Fensterscheibe flatterte.

JAGDSABOTAGE

Selbstverständlich kann ein Garten, der für frei lebende Tiere buchstäblich zur Todesfalle wird, kein gutes Feng Shui erzeugen. Deshalb gilt es, diesen Tieren möglichst effektiven Schutz zu bieten. Sie können zum Beispiel Ihrer Katze ein Glöckchen ans Halsband hängen. Reflektierende Halsbänder machen Vögel rechtzeitig auf Katzen aufmerksam, sodass sie wegfliegen können.

Neuerdings ist eine Art von elektronischem Halsband auf dem Markt, das an der Bewegung der Halsmuskeln erkennt, wann Ihre Katze zum Sprung ansetzt, und daraufhin ein Signal ertönen lässt, das die Beute in die Flucht treibt. Bekannte von mir haben das Halsband an ihrem jungen, jagdbegeisterten Kater ausprobiert und berichten, dass die Menge der Jagdtrophäen merklich abgenommen habe.

Falls Sie ein Futterhäuschen oder Vogelbad aufstellen, sollten Sie dies an einem offenen Platz tun, weit weg von überhängenden Bäumen, nahen Zäunen oder Dachvorsprüngen, die Ihre Katze als Sprungbrett benützen könnte. Auf Nistkästen sollten Sie besser ganz verzichten – selbst wenn die Katze nicht herankommt, zeigt die Erfahrung, dass die meisten jungen Vögel bei ihren ersten Flugversuchen mindestens einmal aus dem Nest fallen.

GANZ LINKS: Ihre Katze, die manchmal stundenlang vor dem warmen Ofen schlummert, kann sich im Garten in einen skrupellosen Jäger verwandeln. Hängen Sie ihr ein Glöckchen ans Halsband, wenn Sie keinen Wert darauf legen, täglich mit einer Sammlung kleiner toter Vögel und Nager beliefert zu werden.

LINKS: Futterhäuschen haben in einem Katzengarten eigentlich keinen Platz. Selbst wenn Sie das Häuschen außerhalb ihrer Reichweite anbringen, wird Ihre Katze mit unendlicher Geduld davorsitzen und auf den Moment warten, in dem sie zuschlagen kann.

Das sollten Sie vermeiden

RECHTS Ein dicht bepflanztes Fleckchen wird zum Mini-Dschungel für Ihre Katze.

Um mit Ihrer Katze erholsame Stunden im Garten verbringen zu können, müssen Sie eine Reihe von Dingen beim Anlegen des Gartens beachten.

UNTEN: Es gibt Pflanzen, die für Ihre Katze schädlich sind. Das sollten Sie berücksichtigen und darüber nachdenken, welche neuen Pflanzen Sie in den Garten setzen und welche Sie aus dem bereits vorhandenen Bestand herausnehmen.

Die vielleicht wichtigste Merkregel lautet, dass Sie versuchen sollten, Ihren Garten so natürlich wie möglich zu belassen. Verzichten Sie auf Gifte wie Schneckenkorn, Mäusevertilgungsmittel, Insektizide oder Unkrautvernichter. Sie töten damit nicht nur die Schädlinge, sondern bringen auch Ihre Katze, Vögel und Fische in Lebensgefahr. Suchen Sie alternative Möglichkeiten der Schädlingsbekämpfung! Mittlerweile werden viele Bücher über organischen Gartenbau angeboten, die Ihnen nützliche Tipps geben, wie Sie ohne die chemische Keule gegen Schädlinge vorgehen können.

Aber was schadet einem Feng-Shui-Garten wirklich? Für Vögel ist ein Garten, in dem es ein großes Nahrungsangebot an diversen Schnecken und Raupen gibt, sehr anziehend (wobei sich letztere am Ende noch in wunderschöne Schmetterlinge verwandeln). Es kann sich auch lohnen, ein paar Pflanzen zu opfern, wenn man bedenkt, wie viele Vorteile es bringt, seinen Garten in ein Tierparadies zu verwandeln.

Da wir gerade beim Gift sind: Sie sollten auch bedenken, dass es einige Gartenpflanzen gibt, die für Ihre Katze giftig sein können, darunter z. B. Lupinen, Wicken, Clematis, Stechpalme, Rhododendron, Azalee, Rittersporn, Glockenblume oder Eibe. Wenn eine Katze einen Rasen hat, auf dem sie sich vergnügen kann, kommt sie vermutlich gar nicht auf die Idee, Pflanzen anzuknabbern. Dennoch ist es das Beste, auf die oben aufgezählten Pflanzen ganz zu verzichten.

DAS GELERNTE ANWENDEN

Alles in allem können Sie in Ihrem Garten sämtliche Grundregeln des Feng Shui anwenden, an die Sie sich auch im Haus halten. Halten Sie Rasen und Gartenwege frei von welkem Laub und Abfällen. Schneiden Sie Kletterpflanzen immer wieder zurück, damit sie Ihr Haus nicht überwuchern und »ersticken«, denn damit schaden Sie der Gesundheit der Bewohner. Verhindern Sie, dass in Ihren Beeten das Unkraut überhand nimmt, doch erlauben Sie Gänseblümchen und Butterblumen, auf Ihrem Rasen zu blühen.

Unattraktive, aber notwendige Dinge wie Mülltonnen oder Komposthaufen sollten Sie aus dem Blickfeld räumen. Sie können sie hinter Kletterpflanzen, bewachsenen Spalieren oder dichten Sträuchern verstecken. Auch der sehr dicht wachsende Bambus eignet sich vorzüglich als Sichtschutz; gleichzeitig ist er ein Symbol für die Gesundheit und Langlebigkeit der Hausbewohner – und weil seine Blätter schon beim kleinsten Windhauch rascheln und zittern, sorgt er für eine gute Zirkulation des Chi. Auch Ihre Katze wird in diesem Pflanzendickicht stundenlang herumstreichen.

Kleine Gärten

Nicht jeder von uns hat das Glück, in einem Haus mit großem Garten zu wohnen, aber wir alle können aus dem, was wir haben, das Beste machen. Schon ein Blumenkasten vor dem Fenster sorgt, besonders im Südosten, für gutes Feng Shui. Falls Sie dafür keinen Platz haben, können Sie sich überlegen, ob Sie nicht einen hängenden Zimmergarten anlegen wollen. Am einfachsten lässt sich das bewerkstelligen, indem Sie mehrere Spaliere an einer Wohnungswand anbringen und Blumenampeln daran hängen.

Sollten Sie nur einen asphaltierten Innenhof haben, benötigen Sie vielleicht etwas mehr Fantasie, aber Sie werden staunen, wie schnell Sie ihn in ein kleines Paradies für sich und Ihre Katze verwandeln können. Innenhöfe sind häufig mit altem, rissigem Asphalt geteert und wenn es Ihnen nicht erlaubt ist, diesen zu entfernen oder Sie es selbst nicht möchten, können Sie Kies darauf verteilen. Mit einem Rechen zeichnen Sie dann Wellenmuster hinein, deren geschwungene Kurven das gesunde Chi zum Zirkulieren animieren werden. Kies hat zudem den Vorteil, dass Sie jeden ungebetenen Gast, der den Hof betritt, sofort hören.

Allerdings sollten Sie bedenken, dass Katzen nicht gerne über harten Kies laufen. Am besten Sie besorgen sich einige runde Trittsteine und platzieren sie so, dass sich ein gewundener Gartenpfad ergibt, der zu einer Sitzecke führen könnte. Dorthin können Sie sich zurückziehen und bei schönem Wetter mit einer Tasse Tee und Ihrer Katze entspannen.

Da Sie keine Blumenbeete anlegen können, bepflanzen Sie Holz- oder Terrakottagefäße, die Sie immer wieder neu bestücken, wenn Sie Ihren Garten verändern wollen. Stellen Sie die größeren Pflanzen nach hinten und die kleineren nach vorne, um so optisch den Eindruck einer üppigen Vegetation zu schaffen.

ZUSÄTZLICHE ELEMENTE

Sie können, wie in einem großen Garten, einen Steingarten anlegen oder in Blumentöpfen einen Kräutergarten ziehen. Kräuter nehmen nicht viel Platz weg und aromatische Sorten wie Kamille oder Thymian werden Ihren Garten mit ihrem herrlichen Duft erfüllen – was Sie in der Stadt besonders genießen. Nichts ist schöner, als sich schnell mal draußen seinen eigenen Schnittlauch oder andere zum Kochen benötigte Kräuter zu schneiden. Denken Sie auch an etwas Katzenminze oder Baldrian.

Vielleicht ist sogar Platz für ein Wasserobjekt. Auch wenn ein Teich nicht in Frage kommt, es gibt inzwischen überall preiswerte Springbrunnen zu kaufen. Mit etwas Fantasie, bastlerischem Geschick und einer Pumpe gelingt es Ihnen vielleicht sogar selbst einen zu bauen – aus einem alten halbierten Fass oder mehreren Schalen, die sie so aufstellen, dass das Wasser von einer Schüssel in die nächste fließt. Ihre Katze wird stundenlang davor sitzen während Sie sich entspannen!

OBEN: Ein kleiner Innenhof wirkt besonders gut, wenn man ihn mit Kies bedeckt und dann mit einem Rechen Glück bringende Muster hineinzieht. Setzen Sie für Ihre Katze Trittsteine – sie läuft nicht gern über die harten Steinchen.

GANZ LINKS: Selbst der kleinste Platz vor dem Haus lässt sich mit wenigen Elementen in eine Idylle verwandeln.

Vorgärten

Wie Sie bereits in einem der vorhergehenden Kapitel gelesen haben, legt man, um die Lage der einzelnen Zonen zu bestimmen, für den Vorgarten wie für den rückwärtigen Garten das Bagua separat auf. Im Vorgarten sollten Sie Ihre Katze nicht als Hilfsmittel einsetzen, sondern sie lieber ermuntern, möglichst viel Zeit im hinteren Garten zu verbringen. Wenn es Ihnen gelungen ist, diesen in eine wahre Oase der Ruhe für sich und Ihre Katze zu verwandeln, bedarf es dazu auch keiner großen Überredungskunst.

OBEN: Nutzen Sie das Bagua, um zu erfahren, wo sich die einzelnen Zonen ihres Gartens befinden.

RECHTS: Vorgärten sind für Katzen gefährlich, weil sie jede Gelegenheit nutzen, um auf die Straße zu springen.

UNTEN: Zwei Steinurnen, die rechts und links die Eingangstür flankieren, bieten dem Haus Schutz. Sie müssen nicht so großartig sein wie diese. Wählen Sie Urnen oder Steinfiguren, die zum Stil Ihres Hauses passen.

Falls sich keine Quelle negativen Chis direkt Ihrem Haus gegenüber befindet, sollten Sie auch keine allzu hohen Hecken im Vorgarten anpflanzen. Ein hoher Zaun oder eine Hecke verwehrt dem Chi den Zugang zu Ihrem Grundstück.

Falls Sie in der Stadt wohnen und es sich bei Ihrem Vorgarten lediglich um einen kleinen gepflasterten Vorplatz handelt, könnten Sie ihn mit Kies bedecken. Das verhindert, dass sich Ihre Katze vor dem Haus aufhält, da Katzen nur ungern auf Kieselsteinen laufen. Auf jeden Fall können Sie Terrakottaschalen mit Pflanzen aufstellen, die sich auch verschieben lassen, sodass Sie das Aussehen Ihres Vorplatzes beliebig verändern können.

DIE HAUSTÜR

Im alten China wurde das Eingangsportal wichtiger Gebäude von zwei so genannten »Fu-Hunden« bewacht, die zu beiden Seiten postiert waren. In Wirklichkeit handelt es sich dabei nicht um Hunde, sondern um Löwen, die mit ihren geheimnisvollen Kräften böse Geister und Übeltäter daran hinderten, das Gebäude zu betreten. Ideal ist es, wenn Sie irgendwo zwei Fu-Hunde auftreiben können. Sie erreichen ansonsten den gleichen Effekt mit westlichen Tieren wie beispielsweisen zwei Greifen oder Windhunden. Rechts und links von der Tür aufgestellte Vasen sind als symbolischer Schutz ebenfalls wirkungsvoll. Natürlich könnten Sie als Ersatz für ihre größeren und wilderen Vettern auch steinerne Katzenfiguren aufstellen. Achten Sie aber darauf, dass der unmittelbare Eingangsbereich frei bleibt. Nicht einmal positive Feng-Shui-Hilfsmittel wie Pflanzen oder Bäume sollten dort stehen, da sie das Chi hindern, in Ihr Haus zu fließen.

Ein Feng-Shui-Vorgarten

In diesem Garten symbolisiert die niedrige Mauer im Süden den Phönix, während die Büsche zu beiden Seiten des Hauses Tiger und Drache darstellen. Beachten Sie, dass die Sträucher auf der Drachenseite höher sind als die auf der Tigerseite. Auf diese Weise wird der Tiger in Schach gehalten.

RECHTS: Eine klassische Feng-Shui-Lösung für einen normalen Vorgarten. Achten Sie auf die zwei Terrakottagefäße neben der Eingangstür, die dem Schutz der Bewohner dienen, den gewundenen Pfad, der das Chi zum Haus leitet, die Mauer und die Bäume, die so platziert wurden, dass sie Drache und Tiger darstellen.

UNTEN: Bevor Sie nicht etwas Gefühl für den Straßenverkehr entwickeln, sollten junge Katzen vom Vorgarten fern gehalten werden.

Der vorne liegende Steingarten stellt den Phönix dar. Das Gartentor setzt sich aus kreisförmigen Elementen zusammen, die sich in den runden Bodenplatten wiederholen, mit denen der Gartenweg gepflastert ist. Er ist am Eingang breiter und verjüngt sich zur Haustür hin, wodurch das Chi auf das Haus gelenkt wird. Zwei große, bepflanzte Keramiktöpfe zu beiden Seiten der Haustür beschützen den Eingang. Der Besucher wird von Beeten mit Hortensien oder Rosen empfangen. Die Rosen sollten allerdings dornenlos sein. Dornen würden bedeuten, dass dem Besucher auf seinem Weg zum Haus Schaden zugefügt werden soll. Wählen Sie alle blühenden Pflanzen so aus, dass ihre Farben zueinander und auch zur Farbe des Hauses passen. Insgesamt sollen es nicht mehr als drei Farben sein. Harmonische Farben beruhigen das Chi, bevor es ins Haus strömt. Der im Osten stehende Baum stärkt die Familienzone, ohne dabei das ins Haus strömende Chi zu blockieren.

HAUS
HOHE BÜSCHE
BAUM
GARTENWEG
BLUMENBEET
STEINGARTEN
GARTENTOR

MAUER UND SPALIER
SONNENUHR
N
W
O
S
BLUMENBEET
TRITTSTEINE
OBSTBÄUME IN KERAMIKTÖPFEN
WINDLICHTER

Ein kleiner Feng-Shui-Garten

In diesem kleinen Innenhofgarten wurde die Mauer durch ein Spalier erhöht, um die Schildkröte darzustellen, die das Haus unterstützt. Kletterrosen verbergen das unansehnliche Mauerwerk, sorgen für Intimität und bieten außerdem Schutz vor Eindringlingen.

OBEN: Pflanzen sind ein ideales Mittel, um Mauerwerk zu verdecken oder private Bereiche abzugrenzen.

Die gesamte Fläche wurde mit mehrfarbigem Kies bedeckt, der in wellenförmigen Mustern gerecht wurde, um den Fluss des Chi zu unterstützen. Die runden Trittsteine (der Katze zuliebe) führen in einem gewundenen Pfad zu einer Gartenbank. Sie steht im Nordosten und bietet einen schönen Blick auf die an der Westmauer blühenden Pflanzen. Da sich die Bank in der Bildungszone befindet, ist sie ein idealer Platz zum Sitzen und Lesen. Die Pflanzen im Westen wurden, damit sie üppiger wirken, nach Größe gestaffelt gepflanzt. Das Wasser im Trog sorgt mit seinem leisen Plätschern für Entspannung. Zwei paarweise aufgestellte Obstbäumchen in Keramiktöpfen sorgen für eine fruchtbare Partnerbeziehung und der Kräutergarten liegt praktischerweise gleich vor der Küchentür. Zwei große Windlichter verstärken das Licht in der Ruhmzone und die Sonnenuhr spendet ihre Kraft in der Zone der »hilfreichen Freunde«.

LINKS: Eine Feng-Shui-Lösung für einen kleinen Garten mit Kies- statt Rasenfläche und strategisch platzierten Hilfsmitteln in jeder Glückszone.

Ein Feng-Shui-Garten für Kinder

In diesem Garten wurden die Spielgeräte der Kinder im westlichen Bereich aufgestellt, dort, wo sich die Kinderzone befindet. Das Metall der Rutsche im Nordwesten stärkt die Zone der hilfreichen Freunde

Der Sandkasten versorgt die Partnerschaftszone, die vom Erdelement dominiert wird, mit Energie, während das Plantschbecken der für den Wohlstand zuständigen Zone durch das Wasser-Element Kraft verleiht. Tisch und Stühle aus Holz stehen dort, wo die Familie gern zusammenkommt – in der geschützten Familienzone –, können aber auch problemlos in die Bildungszone gerückt werden, falls die Kinder ihre Schulaufgaben draußen erledigen möchten. Der Grill im Süden steht in praktischer Nähe zum Haus und versorgt die Ruhmzone mit der Kraft des Feuers. Die steinerne Schildkröte symbolisiert die Schildkröte der Formen-Schule, die dem Haushalt Glück bringt. Das Futterhäuschen für die Vögel steht in der Mitte des Rasens, sodass die gefiederten Besucher die räuberische Katze rechtzeitig kommen sehen.

RECHTS: **Ein Garten, der die Bedürfnisse von Kindern erfüllt und gleichzeitig jede Glück bringende Zone des Baguas mit den entsprechenden Elementen verstärkt.**

RUTSCHE
SCHAUKEL
STEINERNE SCHILDKRÖTE
FUTTER-HÄUSCHEN
BÄUME
SPALIER
TISCH UND STÜHLE

BLUMENBEETE
LAUBENGANG
STRÄUCHER
BLUMENBEETE
BLUMENBEETE
W
S
N
O
TEICH MIT
SPRINGBRUNNEN
BANK

Ein Feng-Shui-Garten der Entspannung

Dieser Garten dient vorrangig der Ruhe und der Erholung. Ein Laubengang führt den Besucher zu einem hinter Sträuchern verborgenen Gartenhaus. Seine blumenumrankten Bögen mildern die harte, gerade Linie des Gartenwegs im Westen.

LINKS: Stellen Sie das Vogelbad nicht in unmittelbarer Nähe von Bäumen auf! Ihre Katze findet sonst ideale Jagdbedingungen vor.

Im Gartenhaus können Sie ungestört sitzen und beobachten, wie sich die Vögel im Vogelbad vergnügen – das sich übrigens immer in ausreichendem Abstand zu Büschen und Bäumen befinden sollte, damit Ihre Katze sich nicht ungesehen heranschleichen kann. Der Kompost hat nicht gerade die günstigste Ausstrahlung, erfüllt jedoch zweifellos eine nützliche Funktion. Kompost wird mit dem Begriff »Reife« assoziiert, weshalb es sich anbietet, ihn in der Bildungszone anzulegen und hinter einem Mäuerchen zu verbergen. Auf der Bank in der Partnerschaftszone kann man gemütlich sitzen und die Schönheit des Gartens und des Springbrunnens bewundern, der in der Wohlstandszone angelegt wurde. Einige rote Blumen in den Beeten im Süden wirken sich kräftigend auf die dort zu findende Ruhmzone aus.

Mit den vielfältigen Klettermöglichkeiten, die Bäume und Gartenhaus bieten, ist dieser Entwurf ein Paradies für Katzen. Vergessen Sie aber nicht, dass der Teich ein gewisses Risiko darstellt.

LINKS: Dieser Garten wurde nach Feng-Shui-Prinzipien so angelegt, dass man sich darin ungestört und in aller Ruhe entspannen kann.

Ein Feng-Shui-Garten im chinesischen Stil

Dieser Garten ist stark von traditionellen chinesischen Einflüssen geprägt. Die angepflanzten Blumen sollten überwiegend weiß sein, wobei hier und da einige farbige Blüten für effektvolle Kontraste sorgen.

Der gewundene Gartenweg führt zwischen Beeten und zwei Bäumen hindurch zu einem pagodenartigen Gartenhaus, das auf den Teich mit einer dekorativen chinesischen Brücke blickt. Im Nordosten befindet sich hinter einer mit Kletterpflanzen bewachsenen Mauer der traditionelle Steingarten. Die Bambushecke symbolisiert die Schildkröte und bildet zugleich eine reizvolle Abgrenzung zum Nachbargrundstück. In der Partnerschaftszone stehen zwei Kranichstatuen, die Glück in der Liebe bringen sollen, während die Wohlstandszone im Südosten durch ein Windspiel gestärkt wird. Im Süden, in der Ruhmzone, sorgen Gartenlampen für kräftigende Feuer-Energie. Die Gartenbank wird rechts und links von blumenumwucherten Spalieren eingerahmt – ein beschaulicher Ort, von dem aus der Blick zu einem Beet mit jungen Pflanzen schweift, das die Familie darstellen soll.

RECHTS: **Für Puristen: ein im chinesischen Stil angelegter Feng-Shui-Garten mit Kranichen und einer dekorativen Brücke.**

BLUMENBEET
BAUM
GARTENHAUS
BLUMENBEET
BAUM
BAMBUSHECKE
TEICH
BRÜCKE
MAUER
STEINGARTEN

Nachwort

Sie haben mittlerweile eine Vorstellung davon bekommen, wie Sie Ihre häusliche Umgebung verbessern und positiv auf die verschiedensten Bereiche Ihres Lebens einwirken können, wenn Sie Ihre Katze aufmerksam beobachten und einige einfache Feng-Shui-Regeln anwenden.

Doch eines sollten Sie sich vor allem merken, wenn Sie den Empfehlungen dieses Buches folgen: Nehmen Sie nicht alles wortwörtlich oder allzu ernst! Die verschiedenen Hilfsmittel wirken bei jedem anders. Experimentieren Sie einfach so lange mit ihnen, bis Sie die für Sie persönlich wirksamsten Mittel herausgefunden haben. Denken Sie dabei immer daran, dass ihre Wirkung mit der Zeit nachlassen kann und Sie dann eventuell etwas Neues ausprobieren müssen.

Versuchen Sie niemals, Ihre Katze dazu zu bringen, etwas zu tun, das ihrem Wesen nicht entspricht. Vergessen Sie nicht, dass sie ein angeborenes Gespür für Energieströmungen hat und immer so reagiert, dass der Fluss des Chi ausgeglichen wird und sich für Ihr Heim als gesund erweist. Respektieren Sie ihre Intuition, es sei denn, sie tut Dinge, die im Haus stören oder ihr selbst nicht gut tun. Denken Sie stets daran: Je glücklicher Ihre Katze ist, desto besser ist auch das Feng Shui des Hauses. Sorgen Sie gut für sie, dann wird auch sie für Ihr Wohlergehen sorgen.

Wir wünschen Ihnen viel Freude beim Entdecken von Feng Shui – es ist eine faszinierende Kunst. Und wenn Ihnen die Grundprinzipien einmal geläufig sind, werden Sie vielleicht Ihre Kenntnisse vertiefen wollen. Aber selbst wenn Sie nicht daran glauben, dass Feng Shui Ihr Leben wirklich verändern kann, werden Sie zumindest feststellen, dass ein nach seinen Regeln umgestaltetes Heim ordentlicher, aufgeräumter und behaglicher ist – und das allein verbessert schon Ihre Lebensqualität! Worauf warten Sie noch? Versuchen Sie es doch und lassen Sie sich von Ihrer Katze etwas helfen. Das Einzige, was Sie dabei verlieren können, ist sehr viel unnötiger Ballast!

Glossar

Bagua – Achteckiger Kompass, mit dessen Hilfe sich die einzelnen Zonen bestimmen lassen.

Chakren – Die sieben Körperpunkte, an denen das Chi in besonders starker Konzentration vorhanden ist.

Chi – Die elektromagnetische Energie, die das gesamte Universum durchfließt.

Destruktiver Kreislauf – Der Kreislauf, in dem die fünf Elemente zerstörerisch aufeinander einwirken.

Energetische Reinigung – Methode, mit deren Hilfe Räume von schädlicher Energie gereinigt bzw. befreit werden können.

Erdenglück – Das durch die persönlichen Lebensumstände erzeugte Glück.

Fehlende Zonen – In Haus oder Garten fehlende Zonen des Bagua.

Feng Shui – Übersetzt »Wind und Wasser«. Die alte chinesische Kunst, die eigene Umgebung in den Zustand eines perfekten Gleichgewichts zu versetzen, um so besonders Glück bringende Lebensumstände zu erschaffen.

Formen-Schule – Die älteste Schule des Feng Shui. Befasst sich mit den Auswirkungen der Umgebung auf das Heim.

Fünf Elemente – Die Grundenergien, aus denen sich unser Universum zusammensetzt: Holz, Feuer, Erde, Metall, Wasser.

Giftpfeil – Eine scharfe Kante oder gerade Linie, die das Chi auf einen bestimmten Punkt lenkt und dadurch schädlich wirkt.

Hilfsmittel – Gegenstände, mit deren Hilfe die Glückszonen verstärkt werden.

Himmelsglück – Das im Himmel festgelegte Glück. (In etwa zu vergleichen mit dem westlichen Begriff »Schicksal«.)

Himmlische Tiere – Drache, Schildkröte, Tiger und Phönix. Die vier Tiere im Feng Shui der Formen-Schule.

Kompass-Schule – Eine der Schulen des Feng Shui. Lehrt mit Hilfe des Bagua die acht Glück bringenden Zonen zu identifizieren und zu stärken.

Menschenglück – Glück, das jeder Mensch sich durch seine Taten selbst erarbeitet.

Produktiver Kreislauf – Der Kreislauf, in dem die fünf Elemente stärkend aufeinander einwirken.

Sha Chi – Gefährlich schnell fließendes Chi.

Sheng Chi – Perfekt ausgeglichenes Chi.

Si Chi – Schädliches, träge fließendes Chi.

Tao – Das Zusammenwirken von Yin und Yang, das die Menschen mit dem Universum verbindet.

Taoismus – Alte chinesische Religion.

Yang – Umfasst alles Ätherische. Das Gegenteil von Yin.

Yin – Umfasst alles Irdische. Das Gegenteil von Yang.

Zonen – Acht Glück bringende Zonen, welche die wichtigsten Lebensbereiche eines Menschen symbolisieren.

LITERATURHINWEISE

Andrey, Maja: Gärten der Seele, Gestaltung von Außenräumen nach Feng Shui, Anam Verlag, Tuttwil, 1997.

Chen, Chao-Hsiu: Feng Shui für Schönheit und Wohlbefinden, Das chinesische Geheimwissen um Harmonie und Alterslosigkeit, Heyne Verlag, München, 2000.

Chen, Chao-Hsiu: Feng Shui, Gesund und glücklich wohnen in Buddhas Haus und Garten, Heyne Verlag, München, 1998.

Chuen, Lam Kam: Das Feng Shui Handbuch, Wie Sie Ihre Wohn- und Arbeitssituation verbessern, JOY Verlag, Sulzberg, 1996.

Fröhling, Thomas: Wohnen mit Feng Shui, Mehr Harmonie, Gesundheit und Erfolg ..., Mosaik Verlag, München, 1998.

Hale, Gill: Feng Shui Garten-Praxis, Machen Sie aus Ihrem Garten eine Quelle der Gesundheit, des Glücks und des Wohlstandes, Urania Verlag AG, Neuhausen, 1998.

Kislinger, Elisabeth: Feng Shui im Garten, Mehr Harmonie, Freude und Wohlbefinden durch gezielte Gestaltung und Pflanzenauswahl, Mosaik Verlag, München, 1999.

Shurety, Sara: Harmonie im ganzen Haus – Feng Shui, Praktische und wirkungsvolle Ideen, DuMont, Köln, 1998.

Too, Lilian: Das große Buch des Feng Shui. Die chinesische Kunst der Chi-Optimierung Für Erfolg, Gesundheit und harmonisches Leben, Droemer Knaur, München, 1997.

Too, Lilian: Feng Shui konkret, Ba Gua und Lo Shu – die Hauptwerkzeuge der Feng Shui Praxis, Droemer Knaur, München, 1999.

Too, Lilian: Der Feng-Shui-Garten, Gärten, Terrassen und Balkone in Harmonie mit der Natur gestalten, Droemer Knaur, München, 1999.

Too, Lilian: Die Grundlagen des Feng Shui, Ein Praxisbuch für Einsteiger, Droemer Knaur, München, 1998.

Waring, Philippa: Der Feng-Shui-Garten, Als Quelle für Gesundheit und Glück, Hugendubel, München, 2000.

Waring, Philippa: Vom richtigen Wohnen, In Harmonie leben mit Feng Shui, Hugendubel, München, 1996.

Register

BILDNACHWEIS

Art Directors & Trip A. Cowin 108 / E. R. Doubleday 72 / H. Gariety 143 / S. Grant 23, 31 / G. Harris 54 / R. Langfield 26, 52, 80, 96 / Helene Rogers 147 / V. Schwanberg 20 / J. Stanley 24, 76 / Streano/Havens 12 / Viesti Collection 14/15, 42/43, 100/101, 126/127, 144; **Bruce Coleman Collection** Adriano Bacchella 39, 46L, 119/ Jane Burton 2, 48, 49, 63, 67, 94/95, 104, 106, 115, 116/117, 128, 131, 151, 154/155/ Bruce Coleman Inc. 62B / Werner Layer 81T, 120 / Robert Maier 74/75, 99 / Hans Reinhard 36, 46/47, 55, 71, 79, 83, 87, 110/111, 121, 123, 129 / Kim Taylor 132/133; **ET Archive** British Library 9/ Musée du Louvre, Paris 13B; **Garden Picture Library** Jerry Pavia 118; **Hulton Getty** 30T; **The Image Bank** Rob Atkins 60 / P. E. Berglund 28 / Steve Bronstein 102B / Bullaty/Lomeo 16, 140 / G.K. & Vikki Hart 92, 135 / John P. Kelly 19 / Carol Kohen 27 / David de Lossy 40 / Ira Montgomery 73 / Marti Pie 8 / Malcolm Piers 32 / P. Proehl 56 / Terje Rakke 7 / Antonio Rossario 136 / Nicholas Russel 57, 70 / Dag Sundberg 84; **The Stockmarket** C. B. Productions 51 / Koopman 6 / Don Mason 64 / Roy Morsch 68 / Jose Fuste Raga 93 / Rob & Sas 45 / John M. Roberts 139; **Tony Stone Images** Glen Allison 17B / Jim Corwin 10/11 / Bruno Dittrich 124/125 / David Glick 77T / Darrell Gulin 44 / Roy Gumpel 105 / Claire Hayden 101T, 136 / Walter Hodges 34/35, 112/113 / Rich Iwasaki 29 / Kathi Lamm 88, 102/103T / Renée Lynn 110L / Roine Magnusson 93 / Thomas Peterson 58/59 / Paul Redman 69 / Leslie Sponseller 33T / Frank Siteman 90/91 / Robert Stahl 106/107 / Terry Vine 97 / Paul Wakefield 82. Wir haben uns bemüht alle Copyright-Inhaber ausfindig zu machen und ihre Genehmigung einzuholen. Herausgeber und Verleger möchten sich für etwaige Irrtümer oder versehentlich unterlassene Erwähnungen entschuldigen und werden diese gegebenenfalls in den nächsten Auflagen korrigieren.

DANKSAGUNG

Der Verlag dankt folgenden Personen und Institutionen für die Unterstützung der Fotoaufnahmen: **The Feng Shui Company** (Mail order Tel/Fax (+44)7000 781901); **The Geomancer** (Beratung und Kurse Tel.(+44)7000 888989); Mail order Tel. (+44)483 839898); **Curiouser and Curiouser,** Brighton, England; **Evolution,** Brighton, England; **The Animal House,** Brighton, England; **Wilkinsons,** Brighton, England; **Earthly Artefacts,** Brighton, England; Angelic, Brighton, England; Winfalcons Healing Centre, Brighton, England; **Botanica,** Brighton, England; **Adaptatrap,** Brighton, England; **Daryl Macke,** Brighton, England; **Elephant,** Brighton und Zweiggeschäfte im UK; **Heavenly Realms,** Brighton, England; **Roost,** Brighton, England; **Alan Stirling** vom **Feng Shui Workshop.** tel (+44)1634 300887; Amanda Gearing, Feng Shui-Beraterin, tel. (+44)1273 478108. Dank auch an **Frankie Goldstone** sowie an **Florence** und **Tweaker** für ihre Anregungen.